Westfalen
Zwei Jahrhunderte in Bildern

Bernd Haunfelder
Rolf Schorfheide

Westfalen

Zwei Jahrhunderte in Bildern

Von der preußischen Provinz 1815
bis in die Gegenwart

Aschendorff Münster

Bildnachweis
Autoren und Verlag danken: Adam Opel AG, Rüsselsheim; Bayer AG, Leverkusen; Stadt Bochum, Presseamt; Bundesdienst für Heimatfragen, Bonn; Deutscher Pressedienst Hamburg; Dortmunder Ritter-Brauerei, Dortmund; Archiv des Fürsten zu Bentheim-Steinfurt, Burgsteinfurt; ehem. Hoesch AG, Dortmund; Karstadt AG, Essen; Rudolf Krause, Münster; Jürgen Peperhowe, Münster; Ruhrkohle AG, Essen; Ruhrtalmuseum, Schwerte; Eduard Schulte, Kriegschronik der Stadt Münster 1914–1918, Münster 1930; Nordrhein-Westfälisches Staatsarchiv, Münster; Stadtarchiv Dortmund; Stadtarchiv Münster; Stadtmuseum Münster; Gisbert Strotdrees, Münster; Walter Suwelack, Warendorf; Universitätsarchiv Münster; Volkskundliche Kommission für Westfalen, Münster; Wasser- und Schiffahrtsdirektion, Münster; Westfälische Provinzial Versicherung; Westfälisches Archivamt, Münster.
Alle anderen: Verlag und privat.

Zum Einband
Die farbige Abbildung auf dem Einband zeigt das Wappen der Provinz Westfalen im Königreich Preußen: Auf der Mitte des oberen Schildrandes ruht ein mit einer Blätterkrone gekrönter stahlblauer offener Turnierhelm, auf dessen Krone ein silbernes Roß hervorwächst. Den Schild halten rechts ein mit Eichenlaub bekränzter wilder Mann, links ein geharnischter Ritter, der auf dem geschlossenen Helm einen Federschmuck in den Provinzialfarben und über der rechten Schulter nach der linken Hüfte das preußische Feldzeichen trägt. Jeder der beiden Schildhalter führt eine Standarte. Die rechte zeigt im silbernen Fahnentuch den mit dem Kopf gegen die Fahnenstange gewendeten königlich-preußischen Adler, die linke zeigt ein springendes silbernes Roß im roten Fahnentuch.

Gesamtherstellung: Druckhaus Aschendorff, Münster, 1999
Gedruckt auf säurefreiem, alterungsbeständigem Papier ∞

ISBN 3-402-05357-8

Inhalt

Einleitung

Von Westfalen ist schon seit dem Ende des achten Jahrhunderts die Rede, aber als staatliche Einheit tritt die Region zwischen Rhein und Weser erst 1815 als preußische Provinz in die Geschichte ein. Ihre Gründung verdankt sie der politischen Neugestaltung Mitteleuropas auf dem Wiener Konreß. Aus zahlreichen Einzelterritorien, darunter auch den Fürstbistümern Münster und Paderborn, formte die preußische Verwaltung ein politisches Gebilde, das es bis auf den heutigen Tag gibt. Zusammen mit dem benachbarten Rheinland bildete Westfalen Preußens Vorposten im Westen Deutschlands. Obwohl zunächst wenig geliebt, etablierten sich die neuen Herren aus dem fernen Berlin wie selbstverständlich in dieser Landschaft. Höhen und Tiefen wechselten einander ab. 1946 trat das Bundesland Nordrhein-Westfalen das preußische Erbe an.
Landwirtschaft und Industrie haben die Region geprägt und große Wirkungskraft weit über die regionalen Grenzen hinaus entfaltet. Ohne die Stahlwerke an der Ruhr wäre die Industrialisierung Deutschlands kaum vorstellbar und auch nicht der Aufstieg aus den Ruinen nach 1945. Ohne die Finanzkraft Nordrhein-Westfalens hätten auch einige Länder in der jungen Bundesrepublik einen noch weitaus schwierigeren Stand gehabt. Inzwischen hat sich viel ereignet. Kohle und Stahl haben als Garanten eines dauerhaften wirtschaftlichen Erfolgs ausgedient. Auch die Landwirtschaft hat ihre frühere Bedeutung verloren. Der Strukturwandel sorgt heute schneller denn je dafür, daß Westfalen den wirtschaftlichen Anschluß nicht verpaßt und eine Zukunft hat.
Dieses Buch gibt einen Einblick in die Geschichte Westfalens in den vergangenen zweihundert Jahren. Dabei geht es um Eindrücke aus der Arbeitswelt, um längst verschwundene Industrielandschaften, untergegangene Städtebilder, sportliche Erfolge, aber natürlich auch um Ereignisse aus dem politischen Leben. Preußenzeit, Kaiserreich, Weimarer Republik und Hitler-Diktatur sowie nicht zuletzt der Neubeginn nach 1945 haben Westfalen unterschiedlich geprägt und tiefe Spuren hinterlassen. Von triumphalen Kaiserbesuchen ist genauso die Rede wie vom sozialen Niedergang in den Barackensiedlungen nach dem verlorenen Weltkrieg 1945 und dem danach beginnenden Wirtschaftswunder. Die Aufnahmen vermitteln gleichwohl mehr als nur historische Ereignisse oder beliebige Straßenszenen, sie symbolisieren vor allem den raschen Wandel im Alltag.
Es war nicht das Ziel, eine lückenlose Dokumentation der westfälischen Geschichte zu präsentieren. Dies wäre angesichts einer thematischen Vielfalt und einer oftmals nur fragmentarischen Bildüberlieferung ohnehin kaum zu erreichen. Vielmehr geht es darum, an der Schwelle zum 21. Jahrhundert noch einmal Bilder aus der Region Revue passieren zu lassen, die bei allem Wandel immer ihren eigenen Charakter bewahren wird.

Münster, September 1998 — Bernd Haunfelder und Rolf Schorfheide

1815 bis 1914

Jahrzehntelang zehrte Preußen vom Ruhm seines Marschalls Blücher, der durch sein beherztes Eingreifen bei Belle-Alliance (Waterloo) 1815 den endgültigen Sieg über Napoleon herbeiführte. Dabei war Blücher gar kein Preuße, sondern Mecklenburger, und in preußische Dienste kam er auch erst durch einen Frontenwechsel, den er nach seiner Gefangennahme vollzog. Der vor allem bei seinen Soldaten beliebte Offizier hielt sich von 1795 bis 1806 im westfälischen Raum auf und sicherte mit seinen Truppen die Neutralität des Gebietes von der Nordsee bis zum Rhein, wie es im Vertrag von Basel 1795 festgelegt worden war. Anfang August des Jahres 1802 besetzte Blücher Teile des der Säkularisation verfallenen Fürstbistums Münster einschließlich seiner Hauptstadt. Blücher richtete sich im Schloß ein und sorgte zusammen mit dem Freiherrn vom Stein für die rasche Eingliederung der neuen Landesteile in das preußische Staatsgebiet. Nach der Niederlage Preußens bei Jena und Auerstedt im Jahre 1806 verließ Blücher Münster. Das von dem bekannten Maler Rincklake gefertigte Porträt zeigt Blücher als Meister vom Stuhl der münsterischen Loge »Zu den Drei Balken«.

Der Gefolgsmann und Schwager Napoleons, Joachim (Goacchino) Murat, wurde 1804 Marschall von Frankreich, 1805 kaiserlicher Prinz und schließlich als Großherzog von Kleve und Berg 1808 für einige Monate Landesherr im Westfälischen. Mit dem Niedergang Napoleons wurde auch das Schicksal Murats besiegelt. Als er 1815 das inzwischen wieder bourbonisch gewordene Neapel zurückerobern wollte, wurde er gefangengenommen und später hingerichtet.

Minden und die Porta Westfalica auf einer kolorierten Radierung von 1797. Die »Westfälische Pforte« verbindet das Wiehengebirge mit dem Weserbergland.

Vor den Toren Burgsteinfurts legte Karl Graf zu Bentheim-Steinfurt einen Lustgarten in französischem Stil an, den sein Sohn Ludwig nach 1800 in einen englischen Garten umgestaltete, mit Wasserkünsten, Irrgarten, Ruine und einem Badehaus, dem die Anlage den Namen »Bagno« verdankt. Auf dem Bild sieht man den sogenannten Kiosk, der als »Salle à manger« (Speisesaal) diente.

⇐ Was den Nord- und Ostwestfalen die Leinenherstellung bedeutete, war ihren im Süden lebenden Landsleuten das metallverarbeitende Gewerbe. Die Entwicklung der Kleineisenindustrie im märkischen Sauerland läßt sich bis ins 15. Jahrhundert zurückverfolgen. Begünstigt wurde sie durch die Wasserkraft, dem neben der Holzkohle wichtigsten Energiespender der vorindustriellen Zeit, die die Reck- und Breithämmer der Handwerksstätten antrieben. Ein hervorstechendes Merkmal der märkischen Eisenverarbeitung war ihre ausgeprägte Spezialisierung. Die auf dem Kupferstich dargestellte Herstellung von Sensen, Klingen und Spaten konzentrierte sich an der sogenannten »Enneper Straße«. In der zweiten Hälfte des 17. Jahrhunderts brachte die vom Großen Kurfürsten planvoll unterstützte Zuwanderung bergischer Schmiede, vorwiegend aus Remscheid und dem »deutschen Sheffield« Solingen, dem Gewerbe einen zusätzlichen Schub. Um 1800 herum verdienten sich in der Grafschaft Mark nicht weniger als 4.000 Menschen ihr Brot in dieser Branche – eine Konzentration gewerblicher Arbeitsplätze, die im ansonsten noch agrarisch dominierten Deutschland einzigartig war und wiederholt als eine Art »vorindustrieller Revierbildung« interpretiert wurde. Die Produkte exportierte man in sämtliche europäische Länder und bis nach Amerika. Dennoch hatte das mit einer Weltwirtschaft unserer Tage noch nichts zu tun. Die Herstellung blieb kleinbetrieblich-handwerklich befangen; eine Vielzahl von Werkstätten lieferte an einen sogenannten Verlag, der meistens die Rohstoffversorgung übernahm, vor allem aber als Mittler zwischen Herstellern und Händlern den Vertrieb organisierte – und natürlich kräftig mitverdiente.

Seit 1815 hieß der neue Landesherr in Westfalen Friedrich Wilhelm III. (1770–1840). Er war der Großneffe des Alten Fritz und folgte 1797 seinem lebensfrohen Vater auf den Thron. Der sparsame und pflichtbewußte Monarch war in seinen ersten Regierungsjahren am Untergang Preußens 1806 nicht ganz unschuldig, denn viel zu lange hatte sich seine Armee im Glanze der militärischen Erfolge Friedrichs des Großen gesonnt. Der König war ein zwiespältiger und unsicherer Mensch. Obwohl er den Reformern um Stein und Hardenberg und ihren Ideen zum Neubeginn Preußens ausgesprochen positiv gegenüberstand, lehnte er die Freiheits- und Nationalbewegung von 1813 ab. Nach 1815 fühlte er sich auch nicht mehr an sein Versprechen von der Verabschiedung einer Verfassung gebunden. Die langen Jahre bis zu seinem Tod 1840 waren von Stagnation und Rückschritt geprägt. In den katholischen Landesteilen Westfalens war der König eher geachtet denn beliebt. Allzu oft hat er sich in der Region auch nicht blicken lassen.

Kein westfälischer Bildnismaler seiner Epoche hat die Zeitgenossen derart nuancenreich dargestellt wie der aus Harsewinkel stammende Johann Christoph Rincklake (1764–1813). Der Sohn einer alteingesessenen Tischlerfamilie hatte jedoch zunächst gegen mancherlei Widerstände zu kämpfen, um seinen Berufswunsch durchzusetzen. Er ließ sich in Düsseldorf, Dresden, Berlin, wahrscheinlich auch in Wien ausbilden und erregte schon mit seinen ersten Werken Aufsehen. Besondere Maßstäbe für seine Kunst erfuhr Rincklake durch den seinerzeit berühmten Porträtmaler Anton Graff. Die über 400 von ihm überlieferten Bilder – fast ausschließlich Porträts und Familienbildnisse aus Adel und Bürgertum an der Wende vom 18. zum 19. Jahrhundert – sind beredtes Kulturzeugnis der Zeit. 1813 starb Rincklake im Alter von 49 Jahren in Münster. Dieses Selbstbildnis entstand zehn Wochen vor seinem Tode.

Einer der wichtigsten Köpfe Westfalens war Karl Reichsfreiherr vom und zum Stein (1757–1831). In allen seinen zahlreichen Funktionen und Ämtern hat er eine prägende Gestaltungskraft bewiesen: als Direktor der westfälischen Bergämter; als Direktor der märkischen Kriegs- und Domänenkammer in Hamm; als Oberpräsident der Kammern in den westlichen Provinzen und als Direktor der münsterischen Kammer.

Ludwig Freiherr von Vincke, der erste Oberpräsident und damit der ranghöchste Beamte der 1815 errichteten Provinz Westfalen, wurde am 23. Dezember 1774 in Minden geboren. Dem Jurastudium folgte bald ein rascher Aufstieg in der preußischen Verwaltung. 1798 war er bereits Landrat in Minden, fünf Jahre später in Aurich Kammerpräsident von Ostfriesland. Nach der Berufung des ihm wohlgesonnenen Freiherrn vom Stein nach Berlin trat Vincke dessen Nachfolge als Kammerpräsident in Münster und Hamm an. Wie Stein war übrigens auch Vincke von der Idee der Selbstverwaltung beseelt und dies um so mehr, als das alte Preußen nach 1806 am Boden lag. Nach seiner Amtsenthebung in Münster schloß sich Vincke dem Kreis der preußischen Reformer an und bewährte sich zur Zeit der Befreiungskriege als umsichtiger Verwaltungsfachmann. Gleich nach dem Abzug der Franzosen leitete er die Übernahme der westfälischen Landesteile in den preußischen Staat ein. Während seiner bis 1844 dauernden Amtszeit als Oberpräsident gelang ihm die Integration der konfessionell unterschiedlichen Landesteile geradezu vorbildlich. Der populäre Vincke, der die entlegensten Teile dieses Landes zu Fuß bereiste und für die Sorgen und Nöte der Einwohner immer ein offenes Ohr besaß, starb am 2. Dezember 1844 in Münster. Annette von Droste-Hülshoff vermerkte allerdings in ihrem Tagebuch, daß Vincke tot sei und kein Hahn nach ihm krähe.

Auf Vorschlag seines Fürstbischofs Maximilian Franz, der zugleich Kurfürst von Köln war, hatte Papst Pius VI. am 6. September 1795 Kaspar Maximilian Freiherr Droste zu Vischering zum Weihbischof und Titularbischof von Jericho ernannt. Kaspar Max war gerade 25 Jahre alt. 1825 wählte ihn das Domkapitel von Münster zum Bischof. Eine kirchenpolitisch bedeutsame Rolle spielte Kaspar Maximilian auf der Zusammenkunft der Oberhirten Italiens und Frankreichs im Jahre 1811 (Münster gehörte damals zum französischen Staatsgebiet). Mutig setzte er sich für die Freilassung des von Napoleon gefangengehaltenen Papstes Pius VII. ein. Dessen wenig später erfolgte Haftentlassung ist von Kirchenhistorikern wesentlich dem Auftreten Drostes zugeschrieben worden.

»Hier stehe ich, ich kann nicht anders« – dieses für die Geisteshaltung des großen deutschen Reformators Luther so typische Wort hätte auch von Klemens August Freiherr Droste zu Vischering (1773–1845) stammen können. 1773 in Münster geboren, absolvierte er nach dem Theologiestudium eine steile Karriere, die ihn 1835 auf den Kölner Bischofsstuhl brachte. Dort begann für den schroffen, dabei jedoch höchst durchsetzungsfähigen und auf die kirchliche Unabhängigkeit bedachten Westfalen eine kurze, aber turbulente Amtszeit. Der berühmteste Zwist ging um die Regelung konfessioneller Mischehen, die Droste zu Vischering deshalb rigoros ablehnte, weil er um den Einfluß der katholischen Kirche in diesen Ehen fürchtete. Die Regierung reagierte am 20. November 1837 mit seiner Amtsenthebung und Gefangennahme auf der Festung Minden, eine Maßnahme, die hellste Empörung auslöste. Aus allen Bevölkerungsschichten Westfalens kamen Solidaritätsbekundungen für den inhaftierten Landsmann, so daß sich der Staat im September 1841 genötigt sah, den kirchlichen Forderungen im wesentlichen nachzugeben. Droste-Vischering selbst befand sich bereits seit dem Sommer 1840 wieder auf freiem Fuß, blieb aber seines Amtes enthoben. Er starb am 19. Oktober 1845 in Münster.

Als Kind eines Hausierers war Bernhard Overberg (1754–1826) alles andere als eine große berufliche Karriere in die Wiege gelegt worden. Daß er dennoch zu einem wichtigen Pädagogen und Schulreformer Westfalens werden konnte, hatte er maßgeblich seinen Lehrern auf dem Rheiner Franziskanergymnasium zu verdanken, die die Begabung des körperlich eher schwächlich wirkenden Jungen erkannten und förderten. Eine entsprechende Sorgfalt verwandte Overberg als junger Kaplan in Everswinkel auf den eigenen Unterricht, dem bald ein so guter Ruf vorauseilte, daß Freiherr von Fürstenberg den Pädagogen mit der Durchführung seiner Schulreformen beauftragte. Der Minister hatte die richtige Wahl getroffen. Von den Leistungen Overbergs verdient vor allem die Einrichtung von Normalschulen hervorgehoben zu werden. Auf diesen Vorläufern der späteren preußischen Lehrerseminare wurde angehenden Lehrern in zwei- bis dreimonatigen Kursen das pädagogische und fachliche Rüstzeug für ihre Tätigkeit vermittelt – ein wichtiger Schritt zur Professionalisierung des Schulunterrichts, der Overberg in Kollegenkreisen den respektvollen Beinamen »Lehrer der Lehrer« eintrug.

1816 beauftragte Oberpräsident von Vincke den münsterischen Oberkonsistorialrat Bernhard Christoph Ludwig Natorp (1774–1846) mit dem Neuaufbau des westfälischen Schulwesens. Das hatte in der Tat eine Generalüberholung nötig. Mangelhafter Schulbesuch, konfessionelle Zersplitterung und unterbezahlte Lehrer verhinderten eine Hebung des Bildungsniveaus, die gerade jetzt, im Zuge der Industrialisierung und dem Bedarf an qualifizierten Arbeitskräften, dringend geboten war. Natorps Ideen flossen in seine »Instruktion für die Schulvorstände der Provinz Westfalen«, die 1829 in Kraft trat und bis 1908 Gültigkeit besitzen sollte. Ganz im Geiste des schweizerischen Bildungsreformers Johann Heinrich Pestalozzi wurden darin auch Turnunterricht und die Pflege des Volks- und Kirchenliedes vorgesehen; ein spezieller Blinden- und Taubstummenunterricht fand ebenfalls Berücksichtigung.

Seit 1815 galt in Westfalen wie im übrigen Preußen die allgemeine Wehrpflicht. Dienstpflichtig war jeder Mann zwischen dem zwanzigsten und dem fünfzigsten Lebensjahr. Da die früher als so ungerecht empfundenen, auf Vermögens- oder Berufsverhältnisse beruhende Freistellungen abgeschafft waren, entwickelte sich die Armee – nach anfänglichen Vorbehalten – zu einem Bereich, in dem die Integration der Westfalen in den preußischen Staat gefördert wurde. Auf dem Foto präsentieren Soldaten des VII. Korps in Münster das Gewehr.

1838 wurde Ernst von Pfuel (1779–1866) kommandierender General des VII. Armeekorps in Münster. Von Pfuel war eine schillernde Persönlichkeit. Gerade 25jährig hatte er als preußischer Leutnant die berühmte Schlacht bei Auerstedt erlebt; 1814 nahm er als Generalstabsmitglied an der Seite Blüchers an der Schlacht von Waterloo teil. Die Krönung seiner langen und viele Stationen umfassenden Militärkarriere erfolgte im September 1848, als er nach dem Scheitern der Regierung Auerswald für knapp zwei Monate zum preußischen Ministerpräsidenten und Kriegsminister aufstieg. Trotz seiner soldatischen Erfolge gingen die Interessen Ernst von Pfuels weit über die Belange des Kasernenhofs hinaus. Wissenschaftlich hochgebildet, pflegte er freundschaftliche Kontakte mit Heinrich von Kleist, Theodor Körner und dem preußischen Verwaltungsreformer Freiherr vom Stein. Ein besonderes Steckenpferd war der Schwimmsport, um dessen Verbreitung sich von Pfuel ähnlich verdient machte wie Jahn um das Turnen. Der General gilt als der Erfinder des Brustschwimmens und gründete 1817 in Berlin die »Pfuelsche Schwimmanstalt«, die beliebteste unter den drei öffentlich-städtischen Bädern, die noch bis 1933 bestand.

Nach der Einverleibung Westfalens in die preußische Monarchie wurde Münster zu einem bedeutenden Militärstützpunkt ausgebaut. Die verkehrsgünstig gelegene Provinzialhauptstadt erhielt 1819 ein Armeekorps unter dem Befehl eines Kommandierenden Generals mit zahlreichen ihm unterstellten Regimentern. Die Stadt, die in jenen Jahren etwa 15.000 Einwohner zählte, mußte 2.000 Offiziere und Soldaten aufnehmen. Das Militär war folglich aus dem Stadtbild nicht mehr wegzudenken. Die überwiegend katholische Bevölkerung, besonders aber Adel und vermögendes Bürgertum, stand den zumeist aus den preußischen Ostprovinzen stammenden Offizieren zunächst reserviert gegenüber. Gesellschaftliche Kontakte untereinander waren eher die Ausnahme. Abgebildet ist der General Karl Eberhard Herwarth von Bittenfeld, 1860–1865 in Münster stationiert.

Burg Wetter an der Ruhr, zwischen Dortmund und Hagen gelegen. Das Bild läßt das Spannungsverhältnis zwischen dem traditionellen bäuerlich-ackerbürgerlich geprägten Westfalen und dem sich – hier im wahren Sinne des Wortes – am Horizont abzeichnenden Beginn der Industrialisierung erahnen: 1818 hatte die Harkort'sche Maschinenfabrik in den Ruinen der Burg ihre Produktion aufgenommen.

Ein bedeutender Pionier der Industrialisierung in Westfalen war Friedrich Harkort (1793–1880). Mit seinem in England erworbenen Wissen und mit Hilfe dort angeworbener Ingenieure und Arbeiter produzierte er in seinen 1818 gegründeten »Mechanischen Werkstätten« auf Burg Wetter an der Ruhr Dampfmaschinen, Förderstühle, Wasserhaltungsmaschinen, hydraulische Pressen, mechanische Webstühle sowie Guß- und Formereianlagen. 1826 wandten die Arbeiter hier schon das bisher nur in England bekannte Puddelverfahren an, bei dem die glühende Roheisenmasse gerührt wurde und das Endprodukt widerstandsfähiger war als das bisherige Roheisen. Drei Jahre später eine weitere Innovation: erstmals in Deutschland beschickte man hier einen Hochofen mit Koks anstelle der immer schwieriger zu beschaffenden Holzkohle. Seiner Zeit weit voraus, erkannte Harkort auch die überragende Bedeutung der Infrastruktur zur Entfaltung einer wirtschaftlichen Dynamik, baute seetüchtige Dampfschiffe und wies schon 1825, 10 Jahre vor der Einweihung der ersten deutschen Eisenbahnstrecke Nürnberg-Fürth, auf die Vorteile des Schienenverkehrs hin. Die Ignoranz der Behörden – als Harkort auf einer Kohlenbahn im Ruhrtal erstmals eine Dampflok anstatt der Zugpferde einsetzen wollte, erhielt er keine Betriebserlaubnis – hielt den »alten Fritz von Westfalen« nicht von weiteren Planungen ab. 1832 arbeitete er einen Entwurf für eine Köln-Mindener Eisenbahnlinie aus – fünfzehn Jahre mußten ins Land ziehen, ehe dieser 1847 endlich verwirklicht wurde. Auch auf die brennenden sozialen Fragen seiner Zeit suchte Friedrich Harkort Antworten – nicht nur als Abgeordneter des preußischen Landtags, wo er vierzig Jahre lang – von Prinz Wilhelm als »Pumpernickel-Lafayette« abqualifiziert – für eine systematische Berufsausbildung und existentielle Absicherung der unteren Bevölkerungsschichten kämpfte, sondern auch als Fabrikant, der schon 1820 betriebliche Kranken- und Invaliditätskassen einrichtete, die Gründung von Konsumvereinen vorantrieb und damit nicht weniger als die Anfänge der betrieblichen Sozialpolitik markierte.

Es gab sicherlich nicht nur »die Droste«, aber unter den vielen bedeutenden westfälischen Frauengestalten war sie wohl eine der bedeutendsten: Annette von Droste-Hülshoff (1797–1848). Die zu ihren Lebzeiten kaum bekannte, einsam auf Haus Rüschhaus bei Münster lebende Dichterin brachte ihre erste Gedichtsammlung erst 1838 heraus. Das Erstlingswerk der 41jährigen wurde gerade vierundsiebzigmal verkauft. Zunächst noch stark von der Aufklärung geprägt, zeugen ihre Werke von zunehmenden romantischen und religiösen Einflüssen. Mit ihrer in den »Westphälischen Schilderungen aus westphälischer Feder« durchscheinenden Überzeugung, der allenthalben zu beobachtende Niedergang sei eine Folge des Glaubensverfalls, handelte sie sich nicht nur Lob ein; Kritiker machten ihr den Vorwurf der Unsachlichkeit. Ihre Werke liest man noch heute mit Gewinn – nicht zuletzt deshalb, weil darin die westfälische Landschaft und ihre Bewohner in einer für das 19. Jahrhundert ungewöhnlich lebensnahen Weise vorgestellt werden. Es ist zu spüren, wie sehr sich ihnen die Verfasserin verbunden fühlte: »Ich bin ein Westfale, und zwar ein Stockwestfale, nämlich ein Münsterländer – Gott sei Dank! füge ich hinzu.«

Als Christian Dietrich Grabbe am 12. September 1836 in seiner Heimatstadt Detmold starb, war er erst 34 Jahre alt – und doch schon, wie es der Historiker Wilhelm Schulte ausdrückt, »zu Tode erschöpft«. Grabbe war während seines kurzen Lebens kaum zur Ruhe gekommen. Momente des Glücks fand er nur beim Schreiben – um so bitterer mutete es ihn an, daß seine Werke kaum Beachtung fanden. Sein Leben glich einer Abfolge von Brüchen, die sich kurz skizzieren läßt: 1801 als Sohn des Detmolder Zuchthausverwalters geboren, begann er nach dem Gymnasium ein Jurastudium, das er bald abbrach, um Schauspieler zu werden. Auch hier ohne Erfolg, holte er 1824 das juristische Examen nach, wurde zunächst Anwalt, 1827 dann Militärrichter in Detmold. Nach der Heirat einer ungeliebten Frau gab der Dramatiker seinem Leben erneut eine abrupte Wende, quittierte seinen Dienst, um sich in Frankfurt, später in Düsseldorf eine Existenz als freier Schriftsteller und Theaterkritiker aufzubauen. Sein erneutes Scheitern führte zum physischen und psychischen Ruin. Grabbe hinterließ mehrere Dramen, deren Stoffe häufig aus der Geschichte stammten, die gleichwohl aber deutliche Kritik an den restaurativen Zügen seiner Zeit äußerten. Obwohl der Detmolder neben Georg Büchner und Christian Friedrich Hebbel zu den begabtesten Dramatikern seiner Epoche zählte, wurde zu seinen Lebzeiten nur ein einziges seiner Werke aufgeführt – und auch da folgte der Uraufführung sogleich ein Verbot weiterer Vorstellungen.

Einer der wichtigsten Lyriker des Vormärz – der Zeit vor der Revolution von 1848/49 – war der aus Detmold stammende Ferdinand Freiligrath (1810–1876). Im Alter von 29 Jahren gab er seinen kaufmännischen Beruf auf, nachdem seine erste Gedichtsammlung überraschend gut beim Publikum angekommen war – Texte, die ihre Leser ganz nach dem Geschmack der Zeit in ferne exotische Länder entführten und von wilden Tieren und »Mohrenfürsten« handelten. Selbst die zurückhaltende Annette vermochte sich ihrem Charme – Freiligrath war nach den Worten des Literaturhistorikers Otto Mann ein »Meister effektvoll farbiger Darstellung« – nicht zu entziehen: »Hier in Norddeutschland sind die Leute ganz wie betrunken von seinen Gedichten; schön sind sie auch, aber wüst.« Unter dem Eindruck des infolge der Industrialisierung wachsenden sozialen Elends wandte sich Freiligrath der politischen Lyrik zu. Deutlich zum Ausdruck kam dieser Wandel in seiner 1844 erschienenen Gedichtsammlung »Ein Glaubensbekenntnis«. Sein offenes Bekenntnis zur Revolution erfolgte schließlich 1846 mit der Gedichtsammlung »Ca ira«, die Freiligrath unter dem Einfluß von Karl Marx schrieb, mit dem er auch als Redakteur bei der in Köln erscheinenden »Neuen Rheinischen Zeitung« zusammenarbeitete. In den folgenden Jahren stand Freiligrath unter einem stetig wachsenden politischen Druck. 1851 ging er, von der Obrigkeit verfolgt, ins Londoner Exil, aus dem er erst 1867 zurückkehrte. Bis zu seinem Tod am 18. März 1876 lebte er in Stuttgart und Cannstadt.

Daß die Werke der Droste überhaupt veröffentlicht wurden, ist in erster Linie ihrem Freund und Mentor Levin Schücking (1814–1883) zu verdanken. Der Wahl-Münsteraner (seit 1837) arbeitete als Feuilletonschriftsteller und Redakteur bei verschiedenen Zeitungen. Außerdem schrieb er eine ganze Reihe von Romanen, die sich, ganz dem Zeitgeschmack entsprechend, historischer Themen annahmen und ihren Autor zum wohl meistgelesenen westfälischen Schriftsteller des 19. Jahrhunderts machten. Heute sind diese Bücher in Vergessenheit geraten; damals jedoch machten sie Schücking zu einer festen Institution des Literaturbetriebs und bescherten ihm eine Vielzahl an Kontakten, die dann auch dem Werk der Droste zugute kamen. Von Schücking selbst ragt heute nur das von ihm gemeinsam mit Ferdinand Freiligrath herausgegebene Werk »Das malerische und romantische Westfalen« heraus.

Das Recht ist den Westfalen geradezu heilig. Vielleicht liegt es daran, daß dieser Landstrich besonders viele und tüchtige Juristen hervorgebracht hat. Einer davon war der Sauerländer Johann Friedrich Josef Sommer (1793–1856). Der auch als Politiker engagierte Anwalt unterhielt in Arnsberg eine der größten Kanzleien Westfalens. Sommer trat daneben auch als Autor zahlreicher staatsrechtlicher Veröffentlichungen in Erscheinung, in denen er sich zum Beispiel für eine Trennung von staatlichen und kirchlichen Befugnissen aussprach.

Ein Westfale ohne die sprichwörtliche westfälische Bodenständigkeit – so könnte man den Charakter Ignaz von Olfers' (1793–1872) beschreiben. Der Sproß einer angesehenen münsterischen Aristokratenfamilie studierte zunächst Medizin, fand sich dann – mehr zufällig als gewollt – in einer vielversprechenden Diplomatenlaufbahn wieder, die ihn nach Brasilien, Portugal, Italien und in die Schweiz führte, und landete schließlich auf Empfehlung Wilhelm und Alexander von Humboldts auf dem Posten des Berliner Generaldirektors der königlichen Museen. Dort bewies er dann aber doch die westfälische Stetigkeit: Dreißig Jahre dauerte sein Wirken im Geistes- und Kulturleben Berlins –, und sie haben deutliche Spuren hinterlassen. Zu Olfers' wichtigsten Leistungen gehörte der Ausbau der Spreeinsel zur »Museumsinsel«.

August von Haxthausen (1792–1866), Sproß eines der ältesten Geschlechter Westfalens, studierte zunächst in Göttingen Jura, um dann seit 1819 das Bökendorfer Gut seiner Familie zu verwalten. Seine Studien bäuerlichen Lebens und landwirtschaftlicher Produktion flossen in die 1829 von ihm verfaßte »Agrarverfassung in den Fürstentümern Paderborn und Corvey« ein. Das Werk brachte ihm die Ernennung zum Geheimen Regierungsrat und den Auftrag des Kronprinzen Friedrich Wilhelm zur Untersuchung der Landwirtschaft in den preußischen Provinzen ein. 1842/43 bereiste er mit einer ähnlichen Aufgabenstellung des Zaren das russische Herrschaftsgebiet. Ausgelastet war der zielbewußte und vielseitige Haxthausen mit diesen Arbeiten jedoch noch keineswegs. 1819 gründete er zusammen mit dem Richter Paul Wigand den Verein für Geschichte und Altertumskunde Westfalens. Außerdem betätigte er sich als systematischer Sammler westfälischer, vor allem aus dem Raum Paderborn–Höxter stammender Märchen, Sagen und Lieder. Er begann damit schon 1805, doch wurde seine Leidenschaft durch die französische Besetzung und die Befreiungskriege noch verstärkt. Seit 1811 in Kontakt mit den Brüdern Grimm stehend, trug er zu deren Märchenfundus einen nicht unerheblichen Teil bei. Die von ihm entdeckten Volks- und Kirchenlieder erschienen 1850 als »Geistliche Lieder«. Sie bildeten einen wertvollen Grundstock des 1927 begründeten Westfälischen Volksliedarchivs, das heute über rund zehntausend Aufzeichnungen westfälischer Lieder verfügt.

Der Stich zeigt die Ruhr an der Wende vom 18. zum 19. Jahrhundert. Die Szenerie ist idyllisch: die romantisch gelegene Burg Blankenstein, 1227 vom Grafen Adolf von Altena-Mark gegründet, blickt hinab in das Flußtal, das noch ganz von seiner natürlichen Ursprünglichkeit geprägt ist. Die wenigen Personen sind in der Landschaft individuell kaum wahrnehmbar und erscheinen eher als Staffage denn als gestaltende Kräfte. Gleichwohl kündigt sich schon die beginnende Zeitenwende der Industrialisierung an. Der am rechten Bildrand zu sehende Ruhraak – der damals typische Lastkahn – ist mit Steinkohle beladen, die wohl aus einem der nahe gelegenen Bergwerke stammt. Damals befanden sich in Blankenstein neben Wetter, Hörde und Bochum die meisten Gruben. Für den Transport des »Schwarzen Goldes« bot sich die Ruhr an, und so hatte es nicht lange gedauert, bis die Pläne zur Schiffbarmachung, die schon lange in den Schubladen der preußischen Behörden schlummerten, verwirklicht wurden. Bis 1780 hatte man 16 Schleusen angelegt, so daß der Fluß auf einer Länge von 74 Kilometern befahrbar war. Seit den 30er Jahren des 19. Jahrhunderts nahm der Schiffsverkehr dann so drastisch zu, daß er bereits drei Dekaden später an die Grenzen seiner Kapazitäten stieß. Der Staat suchte nach Transportalternativen – und fand sie im Bau eines Eisenbahnnetzes. Als 1862 die Bergisch-Märkische Eisenbahn die wichtigsten Kohlestandorte verband, machte sich die Entlastung der Ruhrschiffahrt schnell bemerkbar. Zehn Jahre später war sie stark eingeschränkt – die rauchenden Stahlkolosse von der Schiene hatten ihr den Rang abgelaufen. 1890 wurde die Ruhrschiffahrt ganz eingestellt.

Nicht nur das Rheinland, auch Westfalen kann auf eine lange Karnevalstradition zurückblicken. ⇒ Die älteste Karnevalsgesellschaft Westfalens heißt »Freudenthal« und wurde 1833 in Münster gegründet. Im Jahr darauf erschien ihre Narrenzeitung, der »Faschingsbote«, in der mit politischen Sticheleien gegen die Obrigkeit nicht gespart wurde.

Insani sapiens nomen ferat.
Horatius.

Eitelkeit über Eitelkeit, und
Alles ist Eitelkeit. Salomo.

Faschings,
der
hinkende Bote
von
FREUDENTHAL AN DER AA.

Nro. **1.** Freudenthal, am 17. des warmen Eismonats im obscuren Jahre **1834.**

Prolog.

Harlekin (guckt hinterm Vorhang hervor.)

Darf ich's wagen meine Herren und Damen?

(Er klingelt mit der Schellenkappe und macht einen Diener mit dem Steckenpferdchen.)

(Für sich) Ah, da läuft ein holdes Gesichtchen,
Und hier und dort, und des Stadtraths liebliches Nichtchen,
Da das artige Bild im goldenen Rahmen,
Aber sauer guckt dort der schwarze Mann,
Der dicke da und jener hagere Kumpan,
Doch hier winkt eine Schaar geputzter junger Herrn,

Mit Friedrich Wilhelm IV. kam 1840 ein König an die Macht, in den das Volk große Erwartungen setzte. Allzu bedrückend erschienen die letzten Regierungsjahre seines Vaters, dessen Reformfeindlichkeit zu einem lähmenden Stillstand geführt hatte. Sein Sohn schien anfänglich auch allen Erwartungen zu entsprechen, doch alsbald stellte sich heraus, daß seiner Politik die große Linie fehlte. Er wollte es allen recht machen, schuf sich dadurch aber nur zahlreiche Feinde. Vor allem in den Revolutionsjahren 1848/49 ließ er es an jeder klar ersichtlichen Richtung fehlen. Realitätssinn war nicht die Stärke des romantischen Schwärmers. Nach der Niederschlagung der Revolution trat er in den Hintergrund und ließ seine reaktionären Minister gewähren. Mitte der fünfziger Jahre machte sich bei dem König eine unheilbare Nervenkrankheit bemerkbar, so daß er 1858 die Regierung seinem jüngeren Bruder Wilhelm überlassen mußte. Friedrich Wilhelm IV., 1797 geboren, starb am 2. Januar 1861 in Potsdam. Westfalen hat er während seiner Regierungszeit wiederholt besucht, so 1842 bei der Huldigung der Stände der Provinz Westfalen in Münster oder im Anschluß an das Kölner Dombaufest 1848.

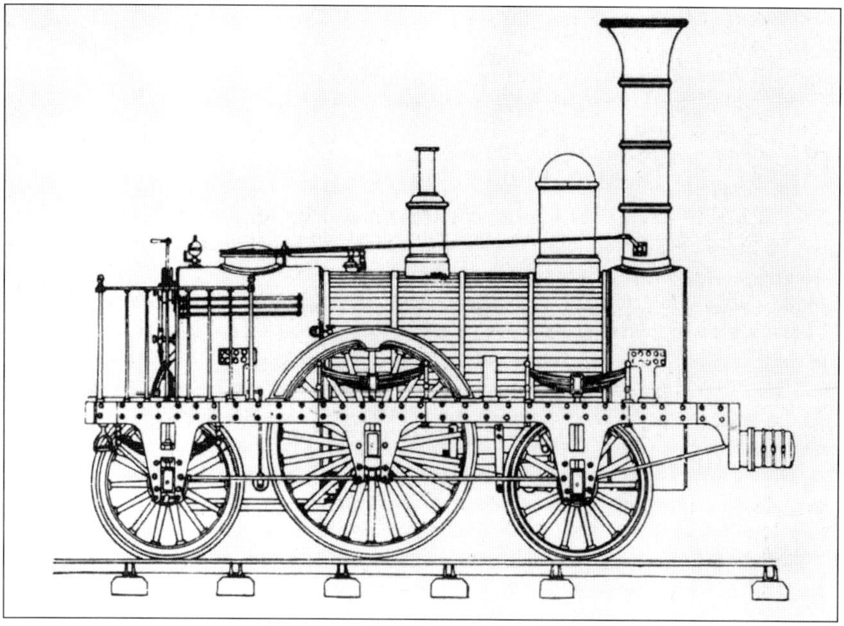

So sah in den vierziger Jahren des 19. Jahrhunderts der Fortschritt aus: Bei der »Ruhr«, der ersten Lokomotive des Ruhrgebiets, war das Vorbild der englischen Eisenbahnen Robert Stephensons unverkennbar. Die Lokomotiven fuhren mit einer Durchschnittsgeschwindigkeit von vierzig Stundenkilometern. Vielen Menschen war dies ganz und gar nicht geheuer: Sie glaubten, durch den Luftzug Schüttelfrost zu bekommen oder dem Wahnsinn zu verfallen.

Die 1843 getroffene Entscheidung, die Köln-Mindener Bahnlinie nicht über Münster, sondern über Hamm zu leiten, kam für die Westfalenmetropole einem verkehrspolitischen Fiasko gleich. So beeilte man sich mit der Gründung einer Aktiengesellschaft, die den Bau und die Unterhaltung einer Zweigbahn nach Hamm finanzieren sollte. 1846 wurde die Münster-Hammer Eisenbahn-Gesellschaft gegründet. Das Aktienkapital belief sich auf die stattliche Summe von 1,3 Millionen Talern. Nach zwei Jahren war die Bahnverbindung fertiggestellt; die Erwartungen der Aktionäre gingen gleichwohl nicht in Erfüllung. Wegen allzu geringer Erträge geriet die Gesellschaft in finanzielle Schwierigkeiten. Später wurde sie von der »Königlich-Westfälischen Eisenbahn« übernommen, unter deren Regie 1855 die Verbindung nach Rheine und 1870, mit der Strecke Wanne–Münster, eine Anbindung an das Ruhrgebiet erfolgte.

General-Versammlung
der
Münster-Hammer Eisenbahn-Gesellschaft.

(9753 2. b) Die Actionaire der Münster-Hammer Eisenbahn-Gesellschaft werden zu der

am 20. Mai c, Vormittags 10 Uhr, im Friedenssaale hierselbst

stattfindenden regelmäßigen General-Versammlung, wofür nach Anleitung des Statuts (§ 36) der jährliche Geschäftsbericht vorher acht Tage lang in der Registratur zur Einsicht offen liegen wird, hierdurch mit dem Bemerken eingeladen, daß die Theilnehmer spätestens bis zum 13. Mai in den Vormittagsstunden von 9 bis 12 Uhr — in Münster bei dem Herrn Rendanten Gröninger, in Hamm bei dem Herrn Hauptmann und Domainen-Rath Mayer ihre Berechtigung nach §. 37 des Statuts nachzuweisen und die Eintrittskarten in Empfang zu nehmen haben. Spätere Meldungen können keine Berücksichtigung finden.

Münster, den 12. April 1851.
Der Vorsitzende des Verwaltungs-Raths
Riedieck.

1842 gründeten der Schwabe Jacob Mayer und der aus Hamburg stammende Eduard Kühne in Bochum eine Fabrik für Gußstahlfabrikation. Acht Jahre später gelang Mayer eine Erfindung, die den kleinen Betrieb bis zur Jahrhundertwende zum zweitgrößten Stahlwerk Deutschlands werden ließ. Es gelang ihm, den Stahl unmittelbar in Formen zu gießen und als für den Maschinenbau unentbehrlichen Stahlformguß auf den Markt zu bringen. Nach der Umwandlung der Firma Mayer & Kühne in die Aktiengesellschaft Bochumer Verein für Bergbau und Gußstahlfabrikation (24. Januar 1854) ging man auf strikten Expansionskurs. Die Gesellschaft erwarb Kohlebergwerke, Eisensteingruben, Hochofenanlagen sowie Kalksteinbrüche und verfügte damit über eine komplette eigene Rohstoffbasis. Auf der anderen Seite erweiterte man die Produktpalette. Eisenbahnmaterialien, Turbinenwellen und Anker gehörten ebenso zum Sortiment wie Kirchenglocken und Kanonen. 1920 beschäftigte das Unternehmen 22.000 Arbeiter. In jenem Jahr erwarb Hugo Stinnes die Aktienmehrheit und gliederte den Bochumer Verein in die Rheinelbe-Union ein, was eine weitere Zusammenfassung aller Produktionsstufen und insbesondere die Hinzufügung von Transportkapazitäten zur Folge hatte. 1926 ging wiederum die Rheinelbe-Union in die Vereinigten Stahlwerke auf, die damit zum zweitgrößten Eisen- und Stahlerzeuger der Welt aufstiegen.

Alexius Fürst zu Bentheim-Bentheim und Bentheim-Steinfurt (1781–1866), verheiratet mit Wilhelmine Prinzessin zu Solms-Braunfels. Der Fürst war Mitglied verschiedener parlamentarischer Einrichtungen der Zeit. So saß er von 1826 bis 1864 im westfälischen Provinziallandtag, gehörte dem Vereinigten Landtag von 1847 an und war lebenslanges Mitglied des preußischen Herrenhauses. Als Standesherr machte er sich um das Wohl seiner Residenzstadt Burgsteinfurt verdient. Eine frühe Aufnahme von 1845.

Johann Hermann Hüffer (1784–1855), Buchhändler, Verleger und Oberbürgermeister von Münster, leitete von 1842 bis 1848 die Geschikke seiner Vaterstadt. Als langjähriges Mitglied des westfälischen Provinziallandtages gehörte er zu den führenden bürgerlich-liberalen Politikern seiner Zeit. 1848 entsandte ihn die Stadt Münster in die preußische Nationalversammlung. Hüffer war der erste Verleger der Werke der Dichterin Annette von Droste-Hülshoff. Seine Lebenserinnerungen geben ein beredtes Zeugnis vom bürgerlichen Leben Münsters in der ersten Hälfte des 19. Jahrhunderts. Foto um 1845

Als der preußische Oberbergrat Karl Freiherr von Oeynhausen 1847 in der Gemeinde Rehme eine ergiebige Thermalquelle entdeckte, war er nicht wenig überrascht – eigentlich hatte er ein größeres Steinsalzvorkommen erwartet. Zum Nachteil sollte ihm dieses »Versehen« indes nicht gereichen. Seit dem Jahrhundertbeginn kamen Kurbäder zunehmend in Mode, und da die Indikation für ihren Besuch weniger medizinischer als pekuniärer Art war, entwickelten sich Orte wie das französische Aix-les-Bains – das schon im Sommer 1809 mehr als 1200 Kurgäste zählte –, Karlsbad, Vittel oder das in Maupassants Roman »Mont-Oriol« beschriebene Enval schnell zu gesellschaftlichen Glanzpunkten eleganter Zerstreuung. So gelang es dem Freiherrn denn auch schnell, das preußische Königshaus zum Aufbau eines großzügigen Thermalbades zu bewegen, das nach dem Entdecker der Quelle benannt und unter Hinzuziehung namhafter Berliner Künstler und Architekten errichtet wurde. Die weitläufige Parkanlage entwarf kein geringerer als der Generaldirektor der königlichen Gärten, Peter Joseph Lenné; die Badehäuser wurden unter Beteiligung des Schinkel-Schülers Carl Ferdinand Busse konzipiert. Seine beste Zeit erlebte das Staatsbad in den Jahren 1860 bis 1925.

Wilhelm Hüffer (1821–1895), Großhandelskaufmann in Paris, später in Rom, war Pächter des französischen Tabakmonopols. Der Sohn des münsterischen Oberbürgermeisters Johann Hermann Hüffer war ein bedeutender Mäzen. Seiner Initiative verdankte die nachmalige Universität Münster die Hüffer-Stiftung und die Provinzial-Augenheilanstalt. An seinem ständigen Wohnsitz in Rom finanzierte er umfangreiche Restaurierungen. Der namhafte Kunstsammler vermachte seiner Vaterstadt Münster mehrere bedeutende Gemälde des holländischen Malers Gerard Ter Borch, darunter das des Einzugs des holländischen Gesandten Adrian Pauw zum Friedenskongreß im Jahre 1645.

Karl Josef Primavesi (1777–1865), Bankier und Eisenwarenhändler in Münster, seit 1820 Besitzer der Friedrich-Wilhelms-Eisenhütte in Gravenhorst bei Ibbenbüren. Dort soll übrigens auch die erste Dampfmaschine Westfalens in Betrieb gewesen sein, eine Aufnahme von 1855.

1857 wurde das Weichbild Münsters erstmals fotografisch erfaßt. Der Blick führt vom Dach des Schlosses aus über den Neuplatz (heute Hindenburgplatz) in Richtung der massiven Doppelturmanlage des Domes. Die Aufnahme stammt vom Pionier der Fotografie in Westfalen Friedrich Hundt.

Das Schloß zu Münster von der Gartenseite aus gesehen. Es war seit 1815 Wohnsitz des Kommandierenden Generals des VII. Armeekorps im einen und des Oberpräsidenten der Provinz Westfalen im anderen Flügel. Am linken Bildrand sieht man Teile der Orangerie. Das nach Plänen von Johann Conrad Schlaun ab 1764 errichtete und durch Ferdinand Lipper im Inneren fertiggestellte Schloß war zum Zeitpunkt der Aufnahme 1857 rund 80 Jahre alt.

Franz von Duesberg (1793–1872), aus Bocholt gebürtig, preußischer Finanzminister 1846 bis 1848 und damit erster Katholik im Ministerrang, stand von 1850 bis 1871 als Oberpräsident an der Spitze der Provinz Westfalen. Wegen seiner auf Ausgleich gerichteten Art war Duesberg bei der Bevölkerung recht beliebt, was man von seinem im Kulturkampf unrühmlich hervortretenden Nachfolger Friedrich von Kühlwetter nicht sagen konnte.

Benedikt Franz Leo Waldeck wurde 1802 als Sohn eines Professors für Naturrecht in Münster geboren. Der brillante Jurist stieg schon als 30jähriger zum Landgerichtsdirektor in Vlotho auf, wurde vier Jahre später Oberlandesgerichtsrat in Hamm und 1846 Richter am Obertribunal in Berlin, dem höchsten Gericht Preußens. In den Revolutionswirren von 1848 wandte er sich der Politik zu und trat in der preußischen Nationalversammlung als Führer der liberalen Linken hervor. Seinen größten Einfluß entfaltete Waldeck als Vorsitzender der Verfassungskommission, aus deren Arbeit die »Charte Waldeck« hervorging, ein Verfassungsentwurf mit der unverkennbaren liberal-demokratischen Handschrift des Berliner Abgeordneten. Die Forderungen nach Grundrechten, der Aufstellung einer Volkswehr und Begrenzung der königlichen Vetorechte stießen indes nicht nur auf die Ablehnung des Königs und der konservativen Abgeordneten, sondern versetzten die preußische Regierung in eine solche Unruhe, daß man sich des unbequemen Politikers ganz zu entledigen versuchte: gefälschte Unterlagen führten zur Anklage wegen Hochverrats. 1850 wegen erwiesener Unschuld aus der Haft entlassen, kehrte Waldeck erst 1861 wieder als Mitglied des preußischen Abgeordnetenhauses auf die politische Bühne zurück. 1870 starb er in Berlin, vereinsamt und verbittert. Daß er gleichwohl noch immer populär war, zeigte sich am Tag seiner Beerdigung: 20.000 geleiteten Benedikt Waldeck auf dem Weg zu seiner letzten Ruhestätte.

Franz Löher trat erst in der 1848er Revolution ins Rampenlicht der Öffentlichkeit. Nach Aufhebung der Pressezensur gab der Jurist die »Westfälische Zeitung« heraus, ein in Löhers Heimatstadt Paderborn erscheinendes Organ, das politisch den Demokraten nahestand. Als die reaktionären Kräfte um Friedrich Wilhelm IV. an Boden gewannen und mit dem Einmarsch von Truppen in Berlin sogar das Parlament direkt bedrängten, organisierte Löher als Vorsitzender des Paderborner Volksvereins gemeinsam mit den Bielefelder Demokraten einen »Kongreß für die Sache und Rechte der preußischen Nationalversammlung und des preußischen Volkes«, der in Münster abgehalten wurde. Die dort erhobenen Forderungen – Unterstützung des Steuerverweigerungsbeschlusses des Parlaments, Einberufung der Bürgerwehr zum Schutz der Nationalversammlung und anderes mehr – gefielen der Regierung überhaupt nicht. Gegenmaßnahmen ließen nicht lange auf sich warten: Die Wortführer des Kongresses wurden verhaftet. Auch Franz Löher fand sich im Kerker wieder, doch mußte man ihn wegen seiner Wahl in den Landtag wieder auf freien Fuß lassen. Gleichwohl ersann man Möglichkeiten, dem unbequemen Westfalen das Leben schwer zu machen. Nach seiner Wahl zum Paderborner Bürgermeister lehnte die Regierung die Amtseinsetzung ab; beim Richterexamen enthielt man ihm die Zulassung vor. Löher wandte sich gezwungenermaßen von der Politik ab und der Wissenschaft zu. Nach der Habilitation und mehreren rechts- und staatsgeschichtlichen Veröffentlichungen avancierte er zum Direktor des bayerischen Archivwesens, um das er sich in seinem letzten Lebensdrittel verdient machte.

Der Dortmunder Bahnhof um 1860.

Münsterländischer Tödde, aufgenommen von einem Fotografen in Fehrbellin, nordwestlich von Berlin. Die Tödden – reisende und vorwiegend mit Textilien handelnde Kaufleute – waren in Deutschland und im angrenzenden Ausland unterwegs. Münsterländisches Leinen verdankte den Tödden seine weite Verbreitung und Wertschätzung. Foto um 1860. ⇒

Haus Hülshoff im ehemaligen Kreis Münster, 1349 erstmals genannt, seit 1417 im Besitz der Herren von Deckenbrock, die sich später von Droste nannten. Es wurde von 1540 bis 1545 für Heinrich I. von Droste zu Hülshoff gebaut. Foto um 1860.

Das Ständehaus Münster, Domplatz 10–12, und die ehemalige Kurie von Hompesch im Hintergrund. Der 1862 eingeweihte Tagungsort des westfälischen Provinziallandtages wich schon Anfang unseres Jahrhunderts dem Neubau des Westfälischen Landesmuseums für Kunst und Kulturgeschichte. Die Kurie von Hompesch wurde 1875 abgerissen. Heute befindet sich dort das Fürstenberghaus, Domplatz 20. Die Aufnahme stammt von 1862.

Christoph Bernhard Schlüter (1801–1884), enger Vertrauter Annette von Droste-Hülshoffs, verantwortlich für die erste Herausgabe ihrer Gedichte im Jahre 1838 sowie des Nachlasses. Schlüter, seit seinem achten Lebensjahr erblindet, war Professor in Münster. Eine Aufnahme von etwa 1860.

Clemens August Graf von Westphalen zu Fürstenberg (1805–1885) war einer der streitbarsten Politiker Westfalens. Als Landtagsmarschall saß er von 1858 bis 1865 dem in Münster tagenden westfälischen Provinziallandtag vor und trat zunehmend in den Jahren vor Ausbruch des preußisch-österreichischen Krieges als scharfer Kritiker Bismarcks in Erscheinung. Nach dem Waffengang legte er demonstrativ seinen Sitz im preußischen Herrenhaus nieder und kündigte überdies dem preußischen König das Eidesverhältnis. Das Bild zeigt den Grafen mit seiner zweiten Gemahlin, einer geborenen Gräfin Lucchesini (1834–1909), die er im Jahre 1863 heiratete. Eine Aufnahme von 1863.

Seit jeher war der Prinzipalmarkt in Münster geschäftlicher Mittelpunkt der Stadt. Von der spätgotischen Pracht blieb indes nach den Zerstörungen des Zweiten Weltkriegs nicht viel übrig. Die Fotografie des bekannten münsterischen Lichtbildners Friedrich Hundt stammt von 1864.

Klosterkirche Vinnenberg, Gemeinde Milte Kreis Warendorf. Das im 13. Jahrhundert gegründete, auf einer kleinen Insel in der Bever gelegene Zisterzienserinnenkloster war während vieler Jahre Ziel großer Pilgerströme. Das Gnadenbild, eine Marienfigur, ging 1943 bei einem Bombenangriff auf Münster verloren. Foto um 1864. ⇒

Innenhof des Schlosses Darfeld im Kreis Coesfeld. Die hier noch im Originalzustand zu sehende Galerie wurde zwischen 1612 und 1616 von Gerhard Gröninger geschaffen. Nach einem Brand von 1899 wurden erhebliche bauliche Veränderungen im Stil der Neorenaissance vorgenommen. Foto von 1864.

Im Auftrag des Domkapitels schuf der aus Münster stammende, aber in Rom lebende und weithin geschätzte Bildhauer Wilhelm Achtermann (1799–1886) in den Jahren 1844 bis 1849 die Darstellung der schmerzhaften Mutter Gottes. Die etwa 1,70 Meter hohe Skulptur fand auf dem im August 1850 geweihten Marienaltar im Alten Chor des Domes Platz. Mit der Art der Aufstellung auf dem hohen Postament war der Künstler nicht sehr zufrieden. Er beklagte auch, daß die »Pietà« in zu hellem Licht stehe. Das in weißem Marmor ausgeführte Kunstwerk wurde im Zweiten Weltkrieg zerstört. Foto von 1864. ⇒

Blick über Bochum, 1865. Im Hintergrund sind Anlagen des Bochumer Vereins zu erkennen.

Eine allgemeine wirtschaftliche Not, die zudem noch durch eine Reihe von Mißernten verstärkt wurde, führte im 19. Jahrhundert auch in Westfalen zu einer umfangreichen Auswanderungswelle. Zwischen 1818 und 1870 verließen schätzungsweise 90.000 bis 100.000 Westfalen ihre Heimat, um in Amerika ihr Glück zu versuchen. Abgebildet ist die zeitgenössische Darstellung eines Auswandererschiffes, die der »Leipziger Illustrierten Zeitung« entstammt.

Johann Caspar Schulze Hobbeling (1789–1880) aus Davensberg im ehemaligen Kreis Lüdinghausen, von Beruf Landwirt, vertrat von 1862 bis 1870 den Wahlkreis Beckum–Lüdinghausen–Warendorf im preußischen Abgeordnetenhaus. Der im Jahre des Ausbruchs der Französischen Revolution geborene Schulze Hobbeling war seit seinem Eintritt in die Kammer deren ältestes Mitglied. Er schloß sich wie fast alle Abgeordneten aus dem Münsterland der Zentrumsfraktion an, eine Aufnahme von etwa 1865.

Die wohl früheste Aufnahme des Schlosses Burgsteinfurt, aufgenommen am Weihnachtstag des Jahres 1868. Auf der Freitreppe sind Mitglieder der fürstlichen Familie zu sehen. Das Foto zeigt den Ringmantel des Schlosses noch in seinem weitgehend ursprünglichen Zustand. Zehn Jahre später wurde eine Galerie an den Bau angefügt. Die Aufnahme wurde übrigens für Marie Prinzessin von Bentheim und Steinfurt (1843–1931), seit 1867 vermählt mit Johann Ludwig zu Sayn-Wittgenstein-Hohenstein, angefertigt. ⇒

Eigentlich wollte der Sohn eines Siegener Justizamtmanns Vermessungsingenieur werden und das Sauerland kartographieren. Doch daraus wurde nichts. Zunächst keineswegs aus Berufung, sondern weil er nach dem Tod seines Vaters schnell Geld verdienen mußte, ging Adolf Diesterweg (1790–1866) einer Tätigkeit als Lehrer nach. 1820 übernahm er die Leitung des preußischen Lehrerseminars in Moers, einer Einrichtung, die zu den ersten ihrer Art zählte. Als Verfasser zahlreicher Lehrbücher zu verschiedenen Unterrichtsfächern, Herausgeber pädagogischer Fachzeitungen und engagierter Kritiker der Kinderarbeit in Fabriken erwarb er sich schnell den Ruf eines »deutschen Pestalozzi«. Aus seiner Stellung als Direktor des Stadtseminars von Berlin (seit 1832) wurde er denn auch schon 1847 wieder entlassen. Seine harschen Kommentare zu den konservativen staatlichen Schulmaßnahmen lagen deutlich über der Toleranzgrenze der preußischen Obrigkeit. Auch in den folgenden Jahren kämpfte Adolf Diesterweg für seine bildungspolitischen Ideale, doch waren seine Einflußmöglichkeiten ohne Amt – trotz eines Mandats im preußischen Landtag – begrenzt. Er starb am 7. Juli 1866 an der Cholera.

Innenhof des Schlosses von Burgsteinfurt mit dem Renaissanceerker. Auf der Treppe sieht man Adelheid Prinzessin zu Bentheim und Steinfurt (1840–1880), vor der Treppe Bertha Fürstin zu Bentheim und Steinfurt, geborene Landgräfin zu Hessen-Philippsthal-Barchfeld (1818–1888), daneben Juliane Prinzessin zu Bentheim und Steinfurt (1842–1878), eine Aufnahme von 1868. ⇒

Wache vor dem Schloß in Burgsteinfurt, rechts im Bild; links Bedienstete des fürstlichen Hauses. Foto um 1880.

Schloß Loburg, Kreis Warendorf, 1760 nach Plänen Johann Conrad Schlauns erbaut, brannte 1899 bis auf die Grundmauern nieder. Ein Raub der Flammen wurde auch eine Sonate Beethovens, die er seiner Lieblingsschülerin, Anna Maria Freifrau von Beverförde, gewidmet hatte. Foto von 1872. ⇒

»Bair. Bier-Brauerei v. A. Rolinck in Burgsteinfurt«, um 1870. Alexander Rolinck, ursprünglich Klarinettist im Kammerorchester des Grafen Ludwig zu Bentheim-Steinfurt gründete nach der Auflösung der Kapelle eine Schankwirtschaft in Burgsteinfurt. Ab 1820 braute er dort eigenes Bier.

Mut und Selbstvertrauen allein reichen nicht zum Original. Wenn das Geld noch dazu kommt, um manches Unheil rasch aus der Welt zu schaffen, sieht einiges anders aus. Da es die preußische Eisenbahnverwaltung ablehnte, in Buldern, dem Sitz seines Schlosses, einen Bahnhof zu errichten, zog der kauzige Adelige jedesmal in Höhe seines Anwesens die Notbremse und bezahlte prompt die fällige Strafe. Dererlei Späße machten Gisbert Freiherr von Romberg, genannt der »tolle Bomberg«, rasch populär. Keine Wette war dem Sproß einer alten Adelsfamilie, die durch den Besitz einiger Bergwerke immens reich wurde, zu schade. Mit seinem Pferd ritt er in das erste Stockwerk eines münsterischen Gasthauses und sprang zum Entsetzen der Gäste über eine festliche Tafel. Seine zum Teil recht skurrilen Späße machten den früh verstorbenen Adeligen weithin bekannt.

Keine leichte Amtszeit hatte der münsterische Bischof Johann Bernhard Brinkmann (1813–1889). Die Ursache der Turbulenzen war der sogenannte Kulturkampf, mit dem die Rivalitäten zwischen katholischer Kirche und preußischem Staat im 19. Jahrhundert ihren Höhepunkt erreichten. Anfang der 1870er Jahre erließ Bismarck mehrere Gesetze zur Eindämmung der kirchlichen Aufgaben – als Beispiele seien hier nur die Einführung der Zivilehe und die Verstaatlichung der Schulaufsicht genannt. Nachdem sich Brinkmann nicht an ein im Mai 1873 erlassenes Gesetz hielt, das bei der Einsetzung von Klerikern eine Meldung beim Oberpräsidenten zur Pflicht machte, häuften sich seine Gerichtstermine. Es hagelte Geldstrafen und Pfändungen. Im März 1875 zu einer vierzigtägigen Gefängnisstrafe verurteilt, im folgenden Jahr dann auch seines Bischofsamtes enthoben, emigrierte der »Bekennerbischof« im Juli 1875 ins holländische Maastricht, von wo aus er mit Hilfe von Mittelsmännern sein Bistum zu leiten versuchte.

Als einer der hervorragendsten Paderborner Bischöfe des 19. Jahrhunderts gilt der vormalige Bonner Religionslehrer, Konviktsdirektor und Professor der Moraltheologie Konrad Martin (1812–1879). Auch seine Amtstätigkeit stand, wie die des münsterischen Bischofs Brinkmann, in den 1870er Jahren ganz im Zeichen des Kulturkampfes; auch Martin beugte sich nicht den Kampfgesetzen vom Mai 1873, insbesondere nicht den Gesetzen über die Vorbildung und Anstellung der Geistlichen, die einen unverhohlenen Eingriff des Staates in innerkirchliche Angelegenheiten bedeuteten. Für die katholische Kirche waren diese Gesetze deshalb auch völlig unannehmbar – im ganzen Land. Daß die Fronten des Kulturkampfes in Westfalen dennoch besonders heftig aufeinanderprallten, lag zum einen am hohen katholischen Bevölkerungsanteil, zum anderen (und nicht geringsten) am westfälischen Oberpräsidenten Friedrich von Kühlwetter, der sich auch sonst in seiner Unnachgiebigkeit gefiel und die Gesetze buchstabengetreu und bar jeder politischen Intelligenz oder Sensibilität anwandte – und das, obwohl er selbst Katholik war. Vor Pfändungen wußte sich Bischof Martin noch durch eine Schlitzohrigkeit zu schützen: Im März 1873 hatte er sein ganzes Vermögen einem Neffen übertragen. Der kluge Schachzug verschaffte ihm eine Atempause, mehr nicht. Im Jahr darauf erhielt er eine Gehaltssperre, dann Gefängnishaft; im Januar 1875 sprach der Gerichtshof für kirchliche Angelegenheiten sein Absetzungsurteil und verbrachte den konsequent bei seiner Ablehnung bleibenden Mann nach Wesel in Festungshaft. Im Sommer gelang Konrad Martin die Flucht nach Holland, dann ins belgische Asyl, wo er im Kloster Mont-Saint-Guibert bei Namur am 16. Juli 1879 starb. Im selben Monat wurde übrigens der Initiator der Kulturkampfgesetze, der preußische Kultusminister Falk, seines Amtes enthoben – ein Treppenwitz unserer Regionalgeschichte, der aber immerhin den Weg für ein Versöhnungszeichen freimachte: Falks Nachfolger von Puttkamer, unter dem die umstrittenen Gesetze wenig später abgeschafft wurden, ermöglichte die posthume Bestattung Bischof Martins im Paderborner Dom.

Die letzten Warendorfer Patres, aufgenommen am Tage ihrer Ausweisung aus Preußen, am 20. August 1875. Aufgrund der sogenannten Maigesetze vom Jahre 1873, wonach der größte Teil der katholischen Orden für aufgelöst erklärt wurde, schlossen die Klöster ihre Pforten. So auch das der Franziskaner in Warendorf. Nachdem der Großteil dieser Niederlassung in den Vereinigten Staaten Zuflucht genommen hatte, siedelten die hier abgebildeten Patres ins benachbarte Holland über.

Clemens Freiherr Heereman von Zuydtwyk (1832–1903), geboren auf der Surenburg bei Riesenbeck, von Beruf Regierungsassessor, vertrat den Wahlkreis Stadt und Kreis Münster sowie Kreis Coesfeld von 1870 bis 1903 im preußischen Abgeordnetenhaus sowie im Deutschen Reichstag. Während des Kulturkampfes gehörte Heereman zu den entschiedenen Verfechtern katholischer Interessen in beiden Parlamenten. Seine Wähler dankten es ihm jedesmal mit überzeugenden Stimmbeweisen. Heereman gilt auch als Begründer des katholischen Studentenverbindungswesens. Foto um 1875.

Ignatz Freiherr von Landsberg-Velen-Steinfurt (1830–1915) aus Drensteinfurt, kgl. Kammerherr und Landrat der Kreise Lüdinghausen und Münster, langjähriger Vorsitzender der westfälischen Landwirtschaftskammer und Inhaber vieler anderer Ehrenämter, vertrat von 1871 bis 1890 den Wahlkreis Beckum–Lüdinghausen–Warendorf im Deutschen Reichstag. Der im Zusammenhang mit den Ereignissen des Kulturkampfes von seinem Landratsamt entbundene Landsberg stand der preußischen Innenpolitik in diesem Punkte scharf ablehnend gegenüber. Foto um 1875.

Anfang der 1880er Jahre lockerten sich die Fronten des Kulturkampfes. Die Katholiken zeigten sich mehr und mehr dazu bereit, die gesellschaftlichen Transformationen hin zu einem modernen Industriestaat konstruktiv zu begleiten, während sich auf staatlicher Seite die Einsicht durchsetzte, daß sich allein mit den Instrumenten des Strafrechts auf Dauer keine Politik machen läßt. Diese Entspannung kam auch in einigen wichtigen personellen Wechseln zum Ausdruck. Kulturkämpferische »Hardliner« in Münster wie der Kommissar der bischöflichen Vermögensverwaltung Gedike und der Oberregierungsrat Tschoppe, der vor allem die schulpolitischen Positionen der Preußen mit Unnachgiebigkeit vertreten hatte, wurden versetzt. Friedrich von Kühlwetter, der als Oberpräsident mit geradezu absolutistischer Amtsführung in Münster für eine erhebliche Verschärfung des Konflikts gesorgt hatte, starb am 2. Dezember 1882. An seine Stelle trat der vormalige Düsseldorfer Regierungspräsident von Hagemeister, der eher ein Mann von ausgleichendem Temperament war. Diese günstigen Voraussetzungen ermutigten das Domkapitel in seinen Bemühungen um eine Rückkehr des Bischofs zur Formulierung eines Gnadengesuchs (12. Dezember 1883), das dann auch tatsächlich zum Erfolg führte. Am 11. Februar 1884 kam Bischof Brinkmann als freier Mann in die Domstadt zurück. Die Bevölkerung bereitete ihm einen triumphalen Empfang.

Extra-Blatt

zu № 42 des ‚Westfälischen Merkur'.

Münster, Dienstag den 12. Februar 1884.

Gratias agamus Domino Deo nostro!

Gestern Abend 11¾ Uhr ist unser Hochwürdigster Bischof Johann Bernard wohlbehalten in unserer Stadt eingetroffen. Hochderselbe war begleitet von dem Herrn Geh.-Rath Dr. med. Schervier aus Aachen und wurde am hiesigen Bahnhofe durch Herrn Prälaten Dr. Giese abgeholt.

Verantwortlicher Redacteur: Johannes Hoffmann in Münster.

Verlag des ‚Westfälischen Merkur', Actien-Gesellschaft für Verlag und Druckerei (Clemens Diepenbrock) in Münster.
Druck der Coppenrath'schen Buchdruckerei.

Der Fürstenhof am Domplatz in Münster, von 1815 bis 1886 Sitz der Bezirksregierung. Während der fürstbischöflichen Zeit diente das Gebäude als städtischer Wohnsitz der Landesherren und als Unterkunft zentraler Behörden. Foto um 1880.

Münsters Prinzipalmarkt um 1890. Im Hintergrund erkennt man die »turmlose« und im Umbau befindliche Lambertikirche. Die an einem Sonntag aufgenommene Fotografie vermittelt ein anschauliches Bild bürgerlicher Gepflogenheiten. Bis zum Ausbruch des Zweiten Weltkriegs war es üblich, am späten Vormittag auf dem Prinzipalmarkt zu flanieren.

Horstmar im Kreis Steinfurt. Die Postkutsche steht vor dem Valkenhof, einem von ursprünglich acht Burgmannshöfen. Der Ort, 1269 an das Stift Münster gefallen und bald danach mit dem Stadtrecht ausgestattet, wurde von bischöflichen Beamten verwaltet. Entlang der Befestigungsmauern hatten sich diese die sogenannten Burgmannshöfe errichtet. Der Valkenhof am Schöppinger Tor, einst im Besitz der Familie Valke vom Vennhaus, ist heute noch erhalten. Die Aufnahme stammt von 1885.

Billerbeck im Kreis Coesfeld. Im Hintergrund sieht man die in ihren Grundzügen vermutlich schon vor dem Jahre 800 errichtete Johanniskirche, in der der erste Bischof von Münster, Liudger, die letzte Messe vor seinem Tod gehalten hat. Das Gotteshaus gehört zu den bedeutenden spätromanischen Kirchen des Münsterlandes, war zudem Vorbild für eine Reihe weiterer Hallenkirchen dieser Art. Das heute unübersehbare Wahrzeichen Billerbecks, der sogenannte Dom, eine im Stil der Neugotik errichtete Basilika, stammt erst aus dem Ende des letzten Jahrhunderts. Foto um 1885.

Kirmes in Warendorf. Im Bild ein doppelstöckiges Karussell. Foto um 1890.

Die Führer der neuen Zentrumspartei (von links oben nach rechts unten): Ludwig Windthorst (1812–1891), Hermann von Mallinckrodt (1821–1874), Wilhelm von Ketteler (1811–1877) sowie die Brüder August (1808–1895) und Peter Reichensperger (1810–1892). In den katholischen Gebieten Westfalens gab die Partei unangefochten den Ton an.

Ein Kotten bei Seppenrade im Kreis Lüdinghausen, um 1890. Die Kötter oder Heuerlinge standen in der Agrargesellschaft am unteren Ende der sozialen Rangskala. 1786 berichtet der Pfarrer Johann Moritz Schwager über die Ravensberger Heuerlinge: »Das Verhältnis worin der Kötter oder Mietsmann mit seinem Bauern steht, ist im Grunde weit größere Sklaverei, als das Leibeigentum des Bauern selbst. Der Kötter erhält gegen billige Miete von dem Bauern ... eine notdürftige Wohnung und so viel Land, daß er so eben seine notwendigen Küchengewächse ziehen und des Sommers eine Kuh darin halten kann. ... Dafür ist der Kötter gewissermaßen der Leibeigene des Bauern; auf dessen Wink muß er mit Weib und Kind zur Arbeit kommen, die zwar bezahlt wird, aber der arme Mietsmann muß oft zu Hause weit mehr versäumen, als ihm sein Tagelohn wert ist. ... Des Winters spinnt der Kötter mit den Seinigen, um die gemachten Schulden abzutragen. Gerät nun dem Kötter der Flachs, bleibt er von Krankheit verschont und sind seine Kinder fünf bis sechs Jahre alt, daß sie ihm spinnen helfen können, so kann er leben und selbst etwas erübrigen. Stirbt ihm aber eine Kuh, sein größter Reichtum, oder ist sein Weib zu fruchtbar und liegt eins der Seinigen einige Zeit krank, so ist er ruiniert und kann sich schwerlich wieder erholen.« (Hermine von Hagen/Hans-Joachim Behr: Bilderbogen der westfälischen Bauerngeschichte. Das 19. Jahrhundert und die Bauernbefreiung, S.153 f.) Im 19. Jahrhundert verschlechterte sich die Situation der Kötter weiter. Die Markenteilung entzog ihnen Weideland; sinkende Getreidepreise und die Mechanisierung der Textilherstellung schmälerten ihr Einkommen. Um die Jahrhundertmitte sahen viele Kötter nur noch einen Ausweg aus der wirtschaftlichen Misere: die Auswanderung nach Nordamerika.

Burghard von Schorlemer-Alst (1821–1895) ging als der westfälische »Bauernkönig« in die Geschichtsannalen ein. Mit vollem Recht: Der Besitzer des Rittergutes Alst bei Horstmar vermittelte den westfälischen Bauern standespolitisches Selbstbewußtsein und die Vorteile des genossenschaftlichen Zusammenschlusses. 1864 machte er in seiner Denkschrift »Die Lage des Bauernstandes in Westfalen und was ihn Noth thut« auf die schwierige Situation der Landwirte aufmerksam. Die Bauernbefreiung von 1807 hatte ihnen neben der Selbständigkeit hohe Schulden und, infolge der Erbteilung, in vielen Fällen die Zerstückelung der Höfe gebracht. Die Folge war, daß zwischen 1816 und 1859 fast ein Zehntel der Betriebe einging. In dieser Situation begann von Schorlemer-Alst, die Hofbesitzer unter dem Dach lokaler Bauernvereine zu sammeln. Der erste entstand am 10. Juni 1862 in Wettringen im Kreis Steinfurt – er wurde schon bald wieder verboten. Seit 1869 folgten weitere Zusammenschlüsse. Die preußische Regierung registrierte die Entwicklung mit Unbehagen. Die Vereinsstatuten erklärten zwar die parteipolitische Neutralität, doch blieb die Nähe der Bauernvereine zu den Kreisen des politischen Katholizismus nicht verborgen. Am 22. Juli 1871 erklärte Berlin schließlich die Bauernvereine zu politischen Zusammenschlüssen und verbot ihnen den Kontakt untereinander. Die vermeintliche Demonstration politischer Stärke erwies sich indes schon bald als unüberlegter Schnellschuß, der letztlich das Gegenteil dessen bewirkte, was er erreichen sollte: Die Mitglieder der örtlichen Bauernvereine lösten die Einzelvereine auf und schlossen sich am 30. November 1871 unter der Federführung von Schorlemer-Alst zum Westfälischen Bauernverein zusammen. Der größere organisatorische Rahmen brachte nun auch eine Ausdehnung des genossenschaftlichen Engagements. 1881 richtete man den gemeinschaftlichen Einkauf landwirtschaftlicher Betriebsmittel wie Saatgut, Dünger und landwirtschaftlicher Maschinen ein; 1882 folgte die Gründung landwirtschaftlicher Darlehenskassen sowie von Winterschulen, wo über die Vorteile neuer Produktionsmethoden informiert wurde. Burghard von Schorlemer-Alst stieg unterdessen zu einem führenden Verbandsfunktionär auf, der seine Ziele auch auf dem politschen Parkett wirkungsvoll zu vertreten wußte. Er war von 1870 bis 1887 Mitglied des preußischen Abgeordnetenhauses, von 1874 bis 1885 Reichstagsmitglied, 1887 Abgeordneter des westfälischen Provinziallandtags sowie einer der Mitbegründer des Zentrums. Als er am 17. März 1895 verstarb, blieb aber sein größtes Verdienst, daß er dem westfälischen Bauernstand zu neuem Selbstbewußtsein verholfen hatte

Ein Blick auf die Warendorfer Oststraße im Jahre 1875. Die Stadt hatte damals rund 5.000 Einwohner und verfügte über eine Reihe recht bedeutender Firmen, vor allem im Bereich der Textilindustrie. Weitere Branchen wie die Gerberei, die Lederverarbeitung, einige Zigarrenfabriken, Holzhandel und ein reges Speditionsgeschäft verhalfen der Emsstadt zu Wohlstand, der sich noch heute in dem typischen münsterländischen Stadtbild und in einigen schönen Fachwerkbauten niederschlägt. Obwohl die Landwirtschaft eine im Vergleich mit anderen westfälischen Orten geringe Rolle spielte, waren auch hier – wie auf dem Foto zu sehen – einige Ackerbürgerhäuser mit ihrem charakteristischen Merkmal, dem großen zur Straße hin gelegenen Tor, zu finden. Ihre Bewohner gingen einem handwerklichen Gewerbe nach und betrieben nebenher eine kleine Landwirtschaft.

Der Historiker Alfred Hartlieb von Wallthor beschreibt ihn als eine »imponierende Persönlichkeit mit riesigem weißen Vollbart«. In der Tat: Carl Herold (1848–1931) war ein mächtiger Mann, dessen langer Arm von der »großen« Reichspolitik bis in die Gemeinde Amelsbüren bei Münster reichte – sein damaliger Gegenspieler, der Regierungspräsident von Gescher, wußte ein Lied davon zu singen. Der Landwirt war nicht weniger als 41 Jahre Mitglied des preußischen Landtags und hatte seit 1898 zugleich auch für 32 Jahre einen Sitz im Reichstag inne. 1895 wurde der Agrarpolitiker Nachfolger des verstorbenen »westfälischen Bauernkönigs« Freiherr von Schorlemer-Alst, 1911 – nicht immer unumstrittener – Führer der westfälischen Zentrumspartei.

Der Weihejahrgang 1895 des Priesterseminars in Münster.

WILHELM DEM GROSSEN

Zu den herausragenden Förderern der Industrialisierung in Westfalen zählt der aus Unna gebürtige Karl Overweg (1805–1876). Der Rechtsanwalt, der auch Mitglied der Paulskirche, des Deutschen Reichstags wie des preußischen Abgeordnetenhauses war, gehörte zahlreichen Firmen des märkischen Raums als Aufsichtsratsmitglied an. Darüber hinaus stand er bei verschiedenen Fabrikgründungen dieser Gegend Pate. Auf Overwegs Initiative geht auch die Errichtung des Vincke-Turms auf der Hohensyburg zurück.

⇐ Im Jahre 1897 wurde das von den Bildhauern Bruno Schmitz-Charlottenburg und Friedrich Rausch (Modell der Reiterfigur) errichtete Denkmal des Deutschen Kaisers Wilhelm I. vor dem münsterischen Schloß errichtet. Dieses Reiterstandbild war übrigens mehreren anderen aus der Werkstatt Schmitz-Charlottenburgs, so jenen auf dem Kyffhäuser, an der Porta Westfalica oder am Deutschen Eck, nachempfunden. Im letzten Krieg verschwand das Denkmal, eine Aufnahme von 1897.

Louis Berger wurde 1829 in Witten als Sohn des Bergbau- und Eisenhüttenpioniers Karl Berger geboren. Im Jahre 1856 heiratete er Luise Harkort, die Tochter des Industriellen und Politikers Fritz Harkort, und trat kurz darauf in die 1854 gegründete Gußstahlfabrik seines Vaters ein. Hier bewies Louis Berger, daß er nicht nur ein begnadetes Organisationstalent besaß, sondern auch ein innovationsfreudiger Unternehmer war. Unter seiner Leitung entwickelte die Firma Gußstahlgewehrläufe, die den bisherigen schmiedeeisernen Produkten so überlegen waren, daß auch Krupp bei seiner Herstellung von Geschützrohren auf ihre Technik zurückgriff. Daß die Wittener Gußstahlfabrik gleichwohl nicht zu den bevorzugten Lieferanten der preußischen Regierung zählte und daher ihr Geld eher in Auslandsgeschäften verdienen mußte, lag an der politischen Ausrichtung des westfälischen Fabrikanten. Seit 1866 bis zu seinem Tod 1891 Mitglied des Landtags und von 1874 bis 1881 Abgeordneter des Reichstags für den Wahlkreis Dortmund, profilierte sich Berger als einer der bedeutendsten Organisatoren des politischen Liberalismus im östlichen Ruhrgebiet. Er starb am 9. August 1891 auf seinem Landgut bei Koblenz.

Die Bielefelder Maschinenbaufirma Dürkopp erhielt ihre Gründungsimpulse aus der Nachfrage der örtlichen Textilindustrie und stellte seit 1867 Nähmaschinen her. Entsprechend der Tendenz der Branche zu einer breit gefächerten Produktpalette baute man bald auch Fahrräder und Autos. Anders als beim Rüsselsheimer Konkurrenten, der Firma Adam Opel (die auch mit der Produktion von Nähmaschinen und Fahrrädern begann), blieben die Fahrzeuge aus Bielefeld automobilhistorische Eintagsfliegen. Auch das kleine Zweizylindermodell »Knipperdolling« konnte sich nicht durchsetzen.

Schichtwechsel bei der Hagener Akkumulatorenfabrik AG. 1887 gründete Adolph Müller in Hagen die Akkumulatorenfabrik Büsche & Müller. Der Unternehmer hatte das 1854 entdeckte Verfahren zur Energiespeicherung bei dem Luxemburger Henri Tudor kennengelernt und sich umgehend die deutschen Produktionsrechte für Tudor-Akkumulatoren gesichert. 1962 erhielt die Firma den Namen, unter dem sie heute weltbekannt ist: Varta AG.

Bis in die ersten Jahre des 20. Jahrhunderts zwang die industrielle Unterentwicklung des lippischen Raumes große Teile seiner Bevölkerung zur Wanderarbeit. Um 1850 befand sich ein Drittel der männlichen Erwerbstätigen, ungefähr 8.000, vorübergehend außer Landes; zur Jahrhundertwende stieg diese Zahl gar bis auf 14.000. In manchen Dörfern waren während der Arbeitssaison in den Sommermonaten so gut wie keine Männer anzutreffen. Die meisten von ihnen – so auch die hier abgebildete Gruppe aus dem Jahre 1897 – arbeiteten in der Ziegelindustrie. Ihr geradezu sprichwörtlicher Fleiß und ihre Genügsamkeit machten die »lippischen Ziegler« in ganz Deutschland zu gern gesehenen Kräften.

Zu den großen Eisen- und Stahlproduzenten im Ruhrgebiet gehört die Firma Hoesch – hier eine Ansicht des in Dortmund ansässigen Werkes im Jahre 1895. Jenes Jahr stellte einen Wendepunkt in der Geschichte des traditionsreichen Unternehmens dar. Bis dahin ein reines Stahl- und Walzwerk, abhängig im Bezug des Roheisens und der Brennstoffe von fremden Unternehmen, wurde jetzt, 25 Jahre nach der Gründung, der Übergang zum gemischten Großbetrieb mit eigenen Kohlezechen, Erzgruben und Kohleöfen eingeleitet.

Kaiser Wilhelm II. nebst Gattin machen 1905 dem Kurbad Oeynhausen die Aufwartung.

Das Westfalenroß, Wappen der vormaligen preußischen Provinz Westfalen, die von 1815 bis 1946 Bestand hatte, ist heute Bestandteil des Landeswappens von Nordrhein-Westfalen. Offiziell wird es aber erst seit 1881 geführt. In jenem Jahr gab der preußische Innenminister dem Drängen des westfälischen Provinziallandtags nach und genehmigte das Führen eines eigenen Wappens, nämlich des springenden silbernen Rosses im roten Feld. Dieses Wappen führt heute noch der Landschaftsverband Westfalen-Lippe. Die Geschichte dieses Symbols reicht übrigens bis ins Spätmittelalter zurück, und auch das Land Niedersachsen beansprucht das springende Roß als Wappentier. Besonders bekannt war das Wappen auch als Motiv des Versicherungsschildes der Provinzial-Feuersozietät, 1890–1945, wie es auch hier und auf dem Einband des Buches abgebildet ist.

Empfang einer Deputation der streikenden Bergleute.
Originalzeichnung von C. Becker.

Im Mai 1889 erschütterte ein schwerer Streik weite Teile des Ruhrgebiets. Die Gründe hierfür drängten sich geradezu auf. Den Grubenbesitzern ging es schon seit mehr als einem Jahrzehnt blendend, aber die Bergleute profitierten nicht davon. Auf einer am 7. April 1889 in Essen stattfindenden Versammlung verlangten sie eine Erhöhung der Löhne um 15 Prozent, die Anrechnung von Ein- und Ausfahrten auf die Achtstundenschicht, ein Verbot von Überstunden und schließlich die Abschaffung des sogenannten Nullens schlecht gefüllter Förderwagen, also ihre Nichtanrechnung auf die erbrachte Förderleistung. Anfang Mai legten die Belegschaften verschiedener Zechen im Raum Gelsenkirchen im Ausstand. Der Streik breitete sich rasch aus. Mitte des Monats waren über 100.000 Bergarbeiter die Arbeit niedergelegt. Der Staat ließ Militär aufmarschieren und setzte damit die Spirale der Gewalt erst richtig in Gang; bei Zusammenstößen wurden drei Arbeiter getötet. Die Vorgänge an der Ruhr veranlaßten schließlich auch den Kaiser, sich ungefragt in die Sache einzumischen – übrigens der Beginn einer unheilvollen Entwicklung in der deutschen Innenpolitik. Aber auch er mußte rasch einsehen, daß seine Intervention keinen Erfolg hatte. Die Streikenden wählten schließlich drei Vertrauensleute aus ihrer Mitte, um dem Monarchen Sorgen, Nöte und Beschwerden persönlich vorzutragen. Wilhelm II. sagte bei dem Treffen in Berlin eine wohlwollende Unterstützung zu, verlangte aber kategorisch, daß man sich gefälligst von der sozialdemokratischen Umsturzbewegung fernzuhalten habe. Daraufhin fanden wesentliche Forderungen der Arbeiter bei den Bergwerksbesitzern Gehör. So wurde die Achtstundenschicht eingeführt und eine Regelung hinsichtlich der Überstunden beschlossen. Zuguterletzt erreichte man sogar eine Erhöhung der Löhne.

Im Zuge der Industrialisierung und wachsender sozialer Spannungen bildete sich in der zweiten Hälfte des 19. Jahrhunderts die Arbeiterbewegung heraus. Von ihren beiden wichtigsten Gruppierungen, des 1863 von Ferdinand Lassalle in Leipzig gegründeten Allgemeinen Deutschen Arbeitervereins (ADAV) und der 1869 in Eisenach von Wilhelm Liebknecht und August Bebel ins Leben gerufenen Sozialdemokratischen Arbeiterpartei (SAP), faßten in Westfalen eigentlich nur die Lassalleaner Fuß. Einer der führenden Köpfe des ADAV war der in Arnsberg geborene Lohgerbersohn Wilhelm Hasenclever (1837–1889). Er diente dem Verein seit 1864 als Sekretär und Kassierer und wurde 1870 zu seinem Präsidenten gewählt. In dieser Funktion leitete er auch die Einigungsverhandlungen mit der Marxschen Positionen nahestehenden SAP, zu der der gemäßigte ADAV bisher in scharfer Gegnerschaft gestanden hatte. Nach dem Zusammenschluß zur Sozialistischen Arbeiterpartei Deutschlands (SAP) auf dem Gothaer Kongreß 1875 beobachtete Hasenclever als einer der Vorsitzenden der neuen Partei und Chefredakteur des »Vorwärts« die weitere Entwicklung mit gemischten Gefühlen. Der Grund: Bei den Reichstagswahlen von 1877 verbuchte die neue SAP zwar erhebliche Gewinne – in Dortmund stieg ihr Anteil auf 15,6 Prozent gegenüber 6,49 Prozent im Jahre 1874 – , doch erlitt sie gerade in den alten Lassalle-Hochburgen deutliche Stimmenverluste durch Wählerabwanderungen zu den Liberalen. Die Ergebnisse ließen nur einen Schluß zu: die Wähler quittierten die allzu nachgiebige Haltung der ADAVler in den Gothaer Einigungsverhandlungen, bei denen die SAPler ihre Forderungen im wesentlichen hatten durchsetzen können. Trotz großer Bemühungen Hasenclevers um eine straffere Organisation und die Beilegung innerparteilicher Spannungen machte die Partei in jenen Jahren in Westfalen vergleichsweise geringe Fortschritte. Zu stark war die konfessionelle Bindung der Arbeiter, selbst in den großen Industriestädten. Unter dem Sozialistengesetz von 1878 mußte er den Niedergang der Bewegung miterleben und wurde auch persönlich zur Zielscheibe der Verfolgung. Obwohl Mitglied des Norddeutschen Reichstages (1869–1871) und des Deutschen Reichstags (1874–1888), wiesen ihn die Polizeibehörden 1881 aus Leipzig und 1884 aus Berlin aus. Den Wiederaufstieg seiner Partei nach Beendigung der Sozialistenverfolgung im Jahre 1890 erlebte Wilhelm Hasenclever nicht mehr mit. Nach einem geistigen Zusammenbruch 1888 starb er ein Jahr später in einer Berliner Heilanstalt.

Die als Folge der Industrialisierung auftretenden sozialen Probleme führten zu unterschiedlichen Überlegungen, wie die Verteilung von Arbeit und Kapital gerechter zu gestalten sei. Grob vereinfacht gesagt, setzten dabei die Liberalen eher auf die Kräfte des Marktes, die Sozialisten dagegen auf die Kräfte des Staates. Zwischen diesen Positionen standen die Ideen verschiedener Zentrumspolitiker, die mit Hilfe einer ausgleichenden Sozialpolitik, der Gründung von Arbeiter-Selbsthilfeorganisationen und der Hebung des Bildungsniveaus die gesellschaftliche Integration des »vierten Standes« erreichen wollten. Einer der exponiertesten unter ihnen war Franz Hitze (1851–1921), ein Bauernsohn aus dem Landkreis Olpe, der sich schon während seines Theologiestudiums mit den Schriften von Karl Marx auseinandersetzte und diesen 1880 sein eigenes Werk »Kapital und Arbeit und die Reorganisation der Gesellschaft« entgegenstellte. Großen Einfluß gewann Hitze als Generalsekretär des 1896 von ihm zusammen mit Ludwig Windthorst gegründeten »Volksvereins für das katholische Deutschland«, der bereits nach einjährigem Bestehen 100.000 Mitglieder, 1910 sogar 650.000 Mitglieder hatte. Bei der Gründung des Deutschen Caritasverbandes und der christlichen Gewerkschaften wirkte er ebenso mit wie an der gesamten deutschen Sozialgesetzgebung dieser Zeit, auf die er als Abgeordneter des Landtags (1882–1893, 1898–1912) und des Reichstags (1884–1921) gestaltenden Einfluß nahm.

⇐ Mit der Eröffnung des Dortmunder Bahnhofs im Jahre 1847 entstand der erste westfälische Eisenbahn-Knotenpunkt. Dortmund wandelte sich zu dieser Zeit mit atemberaubender Geschwindigkeit von einer kleinen Ackerbürgerstadt zur großen Industriegemeinde. Wenige Jahre zuvor, 1840, war auf der Baroper Zeche Glückauf-Tiefbau der erste Dortmunder Tiefbauschacht entstanden, der im Unterschied zu den bisherigen Stollenschächten bis in die tiefliegenden Fettkohlevorkommen reichte und den Grundstein für den Dortmunder Kohlenbergbau legte. 1841 feierte man in Hörde die Eröffnung der Hermannshütte, des ersten Unternehmens der Schwerindustrie in der Region. Um 1890, als dieses Foto entstand, ragte bereits eine ganze Reihe von Fabrikschloten in den Himmel über der Stadt. Die Gleisanlagen wurden schon nicht mehr nur für den Abtransport von Kohlen und Gütern, sondern auch für zuwandernde Arbeitskräfte aus Ost- und Westpreußen, Posen und Slowenien benötigt, die in den Zechen- und Arbeiterkolonien eine neue Heimat fanden. Nur die Femelinde in der linken Bildmitte erinnert daran, daß es auch für Dortmund ein Leben vor der Industrialisierung gegeben hatte: an ihr wurden im Mittelalter Mörder, Brandstifter und Diebe erhängt.

Bürgerliches Idyll auf dem Lande: von links, Frau Louise Benning, Ignaz Schulze Beiering und Frau Schulze Beiering, geborene Schulze Schwierenberg, aus Weseke bei Borken, eine Aufnahme von 1880.

⇐ Schloß Raesfeld im Kreis Borken, 1643 bis 1658 von Alexander I. und Alexander II. von Velen weitläufig errichtet. In der linken Bildhälfte sieht man die sogenannte Freiheit mit der zweitürmigen Burgkapelle, eine Aufnahme von 1880.

Drücke Uhlenbrock, Kartoffelschälerin im Hotel Schnösenberg in Warendorf, eine Aufnahme von 1880.

Die Manöver der in Münster stationierten Truppen fanden zumeist in der Senne statt. Auf dem Denkmal ist zu lesen: »An das Kriegsjahr 1870/71 deutsch-französischer Krieg«, eine Fotografie von 1880.

Das auch in der zweiten Hälfte des 19. Jahrhunderts überwiegend agrarisch ausgerichtete Münsterland war, einmal abgesehen von mehreren größeren Textilverarbeitungsbetrieben, arm an bedeutenderen Industriezweigen. Lokale Bedeutung besaßen allerdings die Zementwerke rings um Beckum. Sie profitierten vor allem von der nach Beendigung des Krieges von 1870/71 einsetzenden Bautätigkeit der Gründerjahre, wurden aber in der nachfolgenden Depression arg mitgenommen. Voraussetzung für die Entwicklung der Beckumer Zementindustrie bis zur Jahrhundertwende war allein der Ausbau des Schienennetzes in Westfalen und den angrenzenden Gebieten. Die Aufnahme zeigt das Werk der Rheinisch-Westfälischen Zementindustrie AG in Beckum. Die 1872 gegründete Fabrik wurde zu Beginn der dreißiger Jahre abgebrochen. Links im Vordergrund sieht man die auch für das Ruhrgebiet typischen Arbeitersiedlungshäuser, eine Aufnahme von 1880.

Was die Zementindustrie für Beckum, war die Kohleförderung in Ibbenbüren. Preußen, zu dem die Grafschaft Tecklenburg seit 1707 gehörte, erwarb hier 1747 eine Konzession zum Abbau der Kohlefelder. Umliegende Glashütten, die Gravenhorster Eisenhütte, die Saline in Rheine sowie eine große Dampfmühle in Münster waren in der ersten Hälfte des 19. Jahrhunderts die Hauptabnehmer des »schwarzen Goldes«. Verbesserte Straßenverhältnisse und Anschluß an die hannoversche Westbahn führten dann zu einer regen Nachfrage. Bis 1862 wurden insgesamt sieben Tiefschächte abgeteuft. Aber erst in den Gründerjahren erfuhr die Kohleförderung einen regen Aufschwung. Hier eine Ansicht des »Von-der-Heydt-Schachts« im Jahre 1885. Er wurde zu dieser Zeit stillgelegt.

⇐ Nicht weniger mühselig als die Arbeit unter Tage war die der sogenannten Steinkühler in den Kalksteinbrüchen des Beckumer Raumes. Noch bis ins 20. Jahrhundert hinein waren Hammer, Brecheisen, Handbohrer und Schaufel das wichtigste Arbeitsgerät.

Telgte bei Münster. Blick auf die aus dem 16. Jahrhundert stammende St. Clemenskirche mit alter Mühle und Emswehr. Foto um 1885.

Nottuln im Kreis Coesfeld. Ansicht des Ortskerns mit der aus dem 15. Jahrhundert stammenden Stiftskirche St. Martin. Links die Kurie von der Reck, rechts die von Aschebergsche Kurie, jeweils die Ansicht der Rückseite. Foto um 1885.

Das Geburtshaus des namhaften Germanisten und deutschen Altertumsforschers Franz Jostes (1858–1925) in Glandorf an der damaligen Grenze zwischen der Provinz Westfalen und dem Königreich Hannover. Jostes, gleich Münsters Zoogründer Landois volksnah und beliebt, lehrte an der Universität in Münster. Sein 1904 erschienenes »Westfälisches Trachtenbuch« gilt auch heute noch als Standardwerk. Foto von 1885.

Angelmodde bei Münster. Turmansicht von St. Agatha. Das Kirchenschiff wird von den Häusern verdeckt. St. Agatha ist eine der wenigen erhaltenen Dorfkirchen des Münsterlandes aus früher Zeit. Sie stammt vom Ende des 12. Jahrhunderts. Auf dem kleinen Friedhof befindet sich das Grab der Fürstin von Gallitzin. Foto von 1887.

Roxel bei Münster. St. Pantaleonskirche aus der Mitte des 14. Jahrhunderts. Das Gotteshaus, in dem im Jahr 1797 Annette von Droste-Hülshoff getauft wurde, mußte im Jahr 1898 wegen Baufälligkeit abgerissen werden. Die heutige, im Stil der Neugotik gebaute Kirche geht auf Pläne des münsterischen Architekten Hilger Hertel zurück, eine Aufnahme von 1887.

Schloß Nordkirchen, ehemals Kreis Lüdinghausen, von der Gartenseite aus gesehen. Der heutige Zustand des Schlosses nach der Hinzufügung zweier Pavillons zwischen dem Mittelbau und dem Kapellenflügel bzw. dem Dienerflügel geht auf das Jahr 1910 zurück. Erst durch diese bauliche Veränderung entstand jene Ähnlichkeit mit der Residenz des Sonnenkönigs Ludwigs XIV., welche den Namen »Westfälisches Versailles« hervorbrachte. Das Schloß befand sich ursprünglich im Besitz der Grafen von Plettenberg. Später erwarben es die Herzöge von Arenberg. Eine Aufnahme von 1890.

Gesellenstück des Bäckers Josef Schulze Berndt zum Abschluß seiner Lehrzeit bei dem Bäckermeister Gassel in Borghorst. Foto um 1890.

Ernte in Müssingen bei Warendorf. Das Einbringen der Feldfrüchte geschah in mühseliger Kleinarbeit. Foto um 1890.

Dreschtag in Bönen Kreis Unna; links im Bild sieht man eine Lokomobile. Fotografie um 1890.

Julius Otto Grimm (1827–1903) war von 1860 bis 1900 Musikdirektor des Musikvereins in Münster. Er verschrieb sich in besonderem Maße der Musik lebender und mit ihm befreundeter Komponisten wie etwa Brahms und Schumann. Grimm betätigte sich auch kompositorisch.

Die in Gegenwart Kaiser Wilhelm II. vorgenommene Einweihung des Kaiser-Wilhelm-Denkmals an der Porta Westfalica am 18. Oktober 1896 brachte das verbesserte Verhältnis zwischen Preußen und seiner 1816 geschaffenen Provinz Westfalen zum Ausdruck. Tatsächlich hatte man es nicht immer leicht miteinander gehabt. Eine ganze Reihe von Konfliktfeldern tat sich zwischen den ungleichen Partnern auf: Das zentralisierende Staatsverständnis Preußens vertrug sich nicht mit dem ausgeprägten westfälischen Regionalbewußtsein; die sozialen Strukturen Westfalens waren mit denen der angestammten preußischen Gebiete östlich der Elbe nicht vergleichbar; die steuerlichen Abgaben und das Zollsystem empfand man als ungerechte Zumutung, die die gewerblich-industrielle Entwicklung des Landes hemmte. Die nachhaltigste Belastung stellte jedoch der konfessionelle Gegensatz dar, der schließlich im Kulturkampf der siebziger Jahre kulminierte. Erst seit der Jahrhundertmitte begann sich das Mißtrauen langsam abzubauen.

Ende des 19. Jahrhunderts stand es mit der militärischen Infrastruktur nicht zum Besten. Häufig verteilten sich die Truppen und Gerätschaften auf eine Reihe kleinerer Kasernen, die den sozialen, hygienischen sowie militärischen Anforderungen der Zeit nicht gewachsen waren. Dies traf auch auf die Münzkaserne zu, die, am Rande von Münsters Innenstadt gelegen, wegen Platzmangels nicht erweitert werden konnte. In den folgenden Jahren wurden – nicht nur in Münster – eine Reihe größerer Kasernenbauten errichtet, die den Forderungen nach Konzentration der Truppen und ihrer gefechtsnahen Ausbildung gerechter wurden. In der Bevölkerung trafen diese Maßnahmen für des Kaisers »Schirmende Wehr« auf Verständnis.

Für die wirtschaftliche Entwicklung des Ruhrgebiets wie des nördlichen Westfalens allgemein erwies sich die Fertigstellung des Dortmund-Ems-Kanals als wahrer Glücksfall. Entlang der Strecke und besonders in den Häfen siedelten sich zahlreiche Industriebetriebe an, die von den günstigen Transportmöglichkeiten profitierten. Hauptnutznießer der neuen Wasserstraße waren aber die aufstrebenden Hüttenwerke an der Ruhr, die jetzt mit größeren Mengen ausländischen Erzes beliefert werden konnten. In umgekehrter Richtung wurde Kohle nach Emden transportiert: Dank der niedrigeren Frachtkosten war der wichtigste Rohstoff des Ruhrgebiets nun auch gegenüber der britischen Kohle konkurrenzfähig.

Der Dortmund-Ems-Kanal stand am Anfang einer Reihe von westfälischen Kanalbauten, die seit den 1890er Jahren in Angriff genommen wurden und bis 1930 zu einem geschlossenen Wasserstraßennetz führten (1892–1899 Dortmund-Ems-Kanal, 1906–1914 Rhein-Herne-Kanal, 1906–1938 Mittelland-Kanal, 1914–1930 Lippe-Seitenkanal, Wesel-Datteln- und Datteln-Hamm-Kanal). Schon um die Jahrhundertmitte war von Industriellen und Politikern ein Kanalsystem gefordert worden, doch standen seiner Verwirklichung lange Zeit finanzielle Bedenken gegenüber. Aus nicht ganz unverständlichen Gründen, vergegenwärtigt man sich die Kosten des Unternehmens: Allein die 287 Kilometer lange Strecke des Dortmund-Ems-Kanals mit seinen 20 Schleusen, drei Brückenkanälen und einer Vielzahl von Brücken, Unterführungen und Wehren verschlang fast 80 Millionen Mark. Was so gut und teuer war, verdiente schließlich auch die höchsten Würden: Kaiser Wilhelm II. erschien am 11. August 1899 zur Einweihung in Dortmund, dem Ausgangspunkt der neuen Schiffahrtsstraße. Der Monarch reiste, dem Anlaß angemessen, per Schiff. Als er um halb zehn den Dortmunder Hafen erreichte, hatte er das technische Filetstück des Kanals bereits eröffnet: das Schiffshebewerk in Henrichenburg. Diese Meisterleistung der Ingenieurskunst überwand für zwei Schiffe in einer knappen halben Stunde einen Höhenunterschied von 14 Metern. Hierdurch konnte der aufwendige Bau mehrerer Schleusenanlagen verhindert werden. Das Konstruktionsprinzip war verblüffend einfach, machten sich doch die Planer mit Hilfe von fünf in Tauchschächten eingelassenen Schwimmern die natürlichen Kräfte des Auftriebs zunutze. Bis 1962 blieb das Schiffshebewerk in Betrieb. Es wurde danach von einer leistungsfähigeren Anlage abgelöst. Das lange vor sich hinrostende technische Wunderwerk ist inzwischen ein Industriedenkmal geworden.

Anläßlich der Eröffnung des Dortmund-Ems-Kanals zog Kaiser Wilhelm II. am 11. August 1899 in Dortmund ein.

Tiefofenanlage eines Blockwalzwerkes bei Hoesch um 1900. Die im Jahre 1888 errichtete Anlage zur Herstellung von Blöcken, Schienen und Schwellen produzierte im Jahre 1895 126.000 Tonnen, von denen 16.000 Tonnen als vorgeblocktes Material in ein Walzwerk zur Herstellung von Unterlagsplatten, Weichenplatten, Winkeleisen usw. gingen.

Die Schleuse in Münster kurz nach ihrer Eröffnung 1899. Auch der eher durch Behörden als durch Industrie geprägten Westfalenmetropole brachte der Dortmund-Ems-Kanal Pluspunkte bei der Gewerbeansiedlung. Darüber hinaus besaß Münster nun einen Anschluß an das internationale Wasserstraßennetz. Als schließlich 1914 der Rhein-Herne-Kanal vollendet wurde, bestand auch eine Verbindung zu den Seehäfen Belgiens und Hollands. Für den wirtschaftlichen Aufschwung der Stadt erwies sich die Anbindung an die großen Handelsstädte als immenser Vorteil. Dank dieser Entwicklung überschritt Münster kurz vor dem Ausbruch des Ersten Weltkriegs die Einwohnerzahl von 100.000.

Die fortschreitende Integration Westfalens in den preußischen Staat tat der Bedeutung der katholischen Kirche im Lande keinen Abbruch. Religiöse Feste und kirchliche Feierlichkeiten bildeten immer noch die Höhepunkte des gesellschaftlichen Lebens und waren Anziehungspunkte für zahlreiche Besucher. Dies zeigte sich auch am 22. Oktober 1899 in Münster, als Bischof Hermann Dingelstad mit einer feierlichen Prozession neben der Pfarrkirche St. Ludgeri die Mariensäule einweihte.

Am 1. Juli 1902 war es amtlich: In einer Kabinettsordre wurde die Erhebung der münsterischen Akademie zu einer Volluniversität bekannt gegeben. Damit waren die vielen Bemühungen von Erfolg gekrönt, die seit der 1818 verfügten Aufhebung der alten Universität für die Wiederherstellung des ursprünglichen Zustandes gekämpft hatten. Mit dem bloßen Appell an die kaiserliche Huld, der Provinz Westfalen zu einer Universität zu verhelfen, war es nicht getan. Dazu mußten erst einmal die finanziellen Mittel bereitgestellt werden, und das dauerte eben seine Zeit. Am 22. August 1907 verlieh der Monarch der neuen Hochschule den noch bis heute gültigen Namen Westfälische Wilhelms-Universität. 1914 wurde die Evangelisch-Theologische Fakultät eröffnet, 1925 – bedingt durch die Folgen des Ersten Weltkriegs etwas verzögert – die Medizinische Fakultät. Im Bild rechts das Fürstenberghaus am Domplatz.

Daß der Akademie von Münster der Status einer Universität zugesprochen wurde, war nicht zuletzt dem Ministerialdirektor im preußischen Kultusministerium Friedrich Althoff (1839–1908) zu verdanken. Der einflußreiche hochschulpolitische Gestalter, der aus der Nähe von Schwerte stammte und auf dessen Rat auch der Kaiser nicht verzichtete, wußte schon damals virtuos auf der Klaviatur des »Sponsoring« zu spielen – wenngleich es den Begriff noch gar nicht gab. Die in Handels- und Industriekreisen – im wahren Sinne des Wortes – »erworbenen« Gelder verwandte er zur Förderung junger Wissenschaftler wie Paul Ehrlich und Emil von Behring. Dabei besaß Friedrich Althoff durchaus seine Ecken und Kanten, die selbst namhafte Koryphäen wie den Historiker Mommsen wiederholt zu deutlicher Kritik veranlaßten. Gründe dafür boten vor allem Althoffs Einmischungen in die Berufungspolitik, wo er deutliche Akzente auf die Berücksichtigung katholischer Gelehrter setzte. Die Stadt Münster verlieh ihm 1906 das Ehrenbürgerrecht und stiftete nach seinem Tod im Jahre 1908 einen Betrag für die würdige Ausgestaltung des Grabmals im Botanischen Garten in Berlin-Dahlem.

Um 1900 entstand dieses Foto der münsterischen Studentenverbindung »Saxonia«. Das christlich-katholische Verbindungswesen war an der Hochschule der Domstadt besonders ausgeprägt.

Gegen Ende des 19. Jahrhunderts entwickelte sich die Wohnungsnot zu einem der drängendsten sozialen Probleme des Ruhrgebiets. In Dortmund stieg die Einwohnerzahl zwischen 1875 und 1884 von 55.000 auf über 75.000 an, doch wurden in demselben Zeitraum gerade einmal 151 neue Wohngebäude errichtet. Dementsprechend schlecht gestalteten sich die Wohnverhältnisse der Arbeiter. Die Zimmer in den Mietskasernen waren nicht größer als 14 qm und dienten zugleich dem Wohnen, Schlafen und Kochen. Die wenigen Toiletten befanden sich meist auf dem Hof, neben den Viehställen. Trotzdem nahm jede fünfte Familie noch einen Kostgänger auf, der so zu einer billigen Schlafstelle kam und sich an den Mietkosten beteiligte.

Dortmunder Arbeiterfamilien im »Sonntagsstaat«.

Rechts oben: Der Dortmunder Wochenmarkt, aufgenommen um das Jahr 1905. Am linken Bildrand sieht man das Rathaus.
Rechts unten: Im Jahre 1903 besaß der Dortmunder Westenhellweg – heute eine der wichtigsten innerstädtischen Verkehrsadern – einen beschaulichen und geradezu kleinstädtischen Charakter.

Cigarren

Einzug Kaiser Wilhelms II.
in MÜNSTER i/Westf.
Begrüssungs-Ansprache des Bürgermeisters.
Rotophot Berlin.

Ein vom 29. August bis zum 1. September 1907 in der Umgebung Münsters stattfindendes Manöver nahm Kaiser Wilhelm II. zum Anlaß, der Provinzialhauptstadt einen Besuch abzustatten. Schon Wochen zuvor befand sich die Westfalenmetropole in gespannter Erwartung des großen Ereignisses. Oberbürgermeister Jungeblodt berief eine »Ausschmückungs- und Beleuchtungskommission« ein, deren Vorsitz er selbst übernahm. Am 29. August war es dann soweit: Der kaiserliche Sonderzug lief im Hauptbahnhof ein. Der umjubelte Monarch ritt in die Innenstadt zum Prinzipalmarkt. Wer eine Wohnung mit guter Sicht zum Defilee des Monarchen besaß, konnte an diesem Tag eine Menge Geld verdienen: Die Preise für einen Fensterplatz lagen zwischen drei und acht Mark, eine damals beachtliche Summe. Daß die Vorbehalte der Westfalen gegenüber Preußen und seinem Monarchen damals weitgehend abgebaut waren, klang auch in der versöhnlichen Rede des Kaisers an: »Die Provinz Westfalen bietet ein schönes Bild dafür, daß es wohl möglich ist, historische, konfessionelle und wirtschaftliche Gegensätze in versöhnlicher Weise zu einen in der Liebe und Treue zum gemeinsamen Vaterlande.«

1908 wurde das Westfälische Landesmuseum in Münster eingeweiht. In den Jahren 1904 bis 1907 von dem Hannoveraner Hermann Schaedtler gestaltet, nahm es die Stelle des 1904 abgebrochenen Ständehauses ein. Das Foto zeigt den Ursprungszustand des imposanten Gebäudes, wie es sich vor den Zerstörungen des Zweiten Weltkrieges darstellte. Beim Wiederaufbau nach 1945 verzichtete man auf die neugotischen Dachgiebel.

Schon im Alter von 13 Jahren versuchte er sich als Dichter: Augustin Wibbelt (1862–1947), einer der beliebtesten und meistgelesenen Dichter Westfalens. Auf einem Bauernhof bei Vorhelm im Kreis Beckum geboren, studierte er in Münster, Würzburg und Freiburg Philologie, Germanistik und Theologie. 1888 wurde er zum Priester geweiht. Sein langes Arbeitsleben – er schied erst als 73jähriger aus dem Beruf aus – ließ ihn die ganze Palette seelsorgerischer Tätigkeiten durchlaufen: Gefängnispfarrer, Dorfkaplan, Religionslehrer und Leiterstellen bei verschiedenen sozialen Vereinen waren die Stationen des vielseitigen Westfalen. Vielseitig waren auch die literarischen Werke, die der mittlerweile zum »Dr. phil« promovierte Schriftsteller en passant – so ganz nebenbei – verfaßte. Er schrieb über die sozialen Mißstände in den Zechensiedlungen von Moers und Duisburg, über die Auswirkungen des Strontianitabbaus im Beckum-Ahlener Raum, über die Erfahrungen im Ersten Weltkrieg, schuf daneben aber auch eine bezaubernde Lyrik. Dabei machte seine plattdeutsche Sprache jeden Text zu einem unverkennbaren »Wibbelt«.

Ein Pionier der westfälischen Volkskunde und niederdeutschen Sprachpflege war der aus Lüdinghausen stammende Lehrer Karl Wagenfeld (1869–1939). Aufgeschreckt durch die Begleiterscheinungen der Industrialisierung und Verstädterung, mit denen er während seiner beruflichen Tätigkeit im Ruhrgebiet konfrontiert wurde, sammelte Wagenfeld westfälische Lieder und Sprichwörter und schrieb auch eigene niederdeutsche Gedichte. Seine Erzählungen und Dichtungen in plattdeutscher Sprache haben ihn weit über das Münsterland hinaus bekannt gemacht und ihm viele Ehrungen zuteil werden lassen. Genannt seien nur »Daud und Düwel« (1912), »Usse Vader« (1918) oder »Luzifer« (1920). Darüber hinaus hat sich Karl Wagenfeld bleibende Verdienste in der Volkstumspflege Westfalens erworben. Zur Erreichung seines Zieles, »in letzter Stunde vom wertvollen Alten zu retten, was noch zu retten ist«, regte er 1915 die Gründung des Westfälischen Heimatbundes an. Die von ihm gelegten Grundlagen wirken bis heute fort.

»Fast täglich kann man beobachten, wie diese jungen Leute, mehr auf dem Rade liegend, wie sitzend, durch die Straßen und um die Ecken sausen, keinerlei Rücksicht auf die Passanten nehmend. Wie unschön das aussieht, wie gefahrvoll das ist und wie rücksichtslos, – das ist diesen Radflegeln schon oft genug gesagt, aber die ,Wilden' lassen sich durch gütliche Vorstellungen nicht bekehren. Erst wenn ein Unglück angerichtet, wenn sie Leute überfahren haben und selbst mit zerschundenen Gliedmaßen und zerbrochenem Rade auf der Straße liegen, kommen die meisten dieser ,Sportsgenossen' zu der Erkenntnis, daß sie eigentlich doch eine gehörige Tracht Prügel verdienen«. Dieser Stoßseufzer der Ahlener Volkszeitung aus dem Jahre 1900 zeigt: die »gute alte« – autolose – Zeit war auch nicht das, was der verkehrsgestreßte Normalbürger der 1990er Jahre gemeinhin von ihr denkt. Vom Ende des 19. Jahrhunderts bis gegen die Mitte der 30er Jahre, als die Nationalsozialisten die meisten Vereine zerschlugen, war der Radsport ein beliebter Volkssport. Sein größter (bürgerlicher) Dachverband, der 1884 gegründete Deutsche Radfahrerbund (DRB), zählte schon im zehnten Jahr seines Bestehens mehr als 22.000 Mitglieder. In den nächsten Jahren stieg diese Zahl rapide an. Kein Wunder: Die Kaufpreise, die um 1890 für ein Hochrad noch zwischen 400 und 500 Mark und für ein Niederrad zwischen 200 und 300 Mark betrugen, sanken bis 1911 auf gerade einmal 12 Prozent dieses Niveaus. Nun konnten sich auch Arbeiter und Handwerker eines der begehrten »Velocipede« leisten und zum »Pedalritter« aufsteigen. Das Foto wurde 1910 aufgenommen und zeigt ein Radrennen auf dem Lande.

Am 2. April 1910 starb der Begründer der weltbekannten Anstalten von Bethel bei Bielefeld, Pfarrer Friedrich von Bodelschwingh, an der Stätte seines langjährigen Wirkens. Der am 6. März 1831 geborene »Vater der Armen« hatte evangelische Theologie studiert und wurde 1871 als Pfarrer an das in Bielefeld entstehende westfälische Diakonissenwerk berufen. Bodelschwingh ließ seine Anstalt Schritt für Schritt ausbauen. Sein Motto »Arbeit statt Almosen« vermochte die ärgste Not zu lindern. Sein großartiges Lebenswerk hat noch heute Bestand.

Der Ausbau des Eisenbahnnetzes zog mehrere große Bahnhofsneubauten nach sich. Die 1847–1849 als »Inselbahnhof« errichtete Dortmunder Station beispielsweise hatte sich schon lange als verkehrstechnisch unzulänglich erwiesen und wurde um 1908 zu einem Durchgangsbahnhof umgestaltet.

Die agrarische Prägung des Landes ließ im letzten Viertel des 19. Jahrhunderts eine Reihe von Landmaschinenfabriken entstehen. Den westfälischen Dreschmaschinenmarkt beherrschten in erster Linie die Firmen Petermann (Warendorf), Claas (damals noch in Clarholz), Ottomeyer (Steinheim bei Höxter) sowie die Ahlener Betriebe Geringhoff und Buschhoff. Die Nachfrage nach ihren Produkten gestaltete sich günstig. Viele kleine und mittlere Höfe hatten ihren Produktionsschwerpunkt auf dem Sektor der Viehmast, wo das Getreide an die Tiere verfüttert wurde. Die Landwirte mußten deshalb mehrmals im Jahr jeweils kleinere Mengen dreschen – ein Verfahren, das die Anschaffung einer eigenen kleinen Dreschmaschine rentabel machte. Die Abbildung stammt aus einem Werbeprospekt der Firma Buschhoff aus dem Jahre 1910.

Zusammen mit dem münsterischen Flugzeugkonstrukteur Anton Knubel gehörte der Billerbecker Josef Suwelack zu den Pionieren der Fliegerei in Westfalen. Suwelacks Flugversuche in Münster zogen regelmäßig Tausende von Schaulustigen an. Wie erfolgreich der damals erst 22jährige die Fliegerei schon beherrschte, stellte er am 8. Dezember 1911 unter Beweis, als er mit 4 Stunden und 34 Minuten einen Weltrekord im Passagierdauerflug aufstellte. Suwelack fiel im September 1915 in Frankreich.

Die Belegschaft einer Gießerei in Schwerte, um 1905. Die kleine Stadt in der Nähe Dortmunds hat sich einen Namen als führender Standpunkt der Nickelindustrie in Deutschland gemacht. Theodor Fleitmann (1828–1904), Justus Liebigs Privatassistent, hatte 1877 den Durchbruch bei der Herstellung von Nickel erzielt. Zeitweise beschäftigte er mehr als 100 Mitarbeiter in seinem Schwerter Werk. Das vor allem für die Herstellung von Münzen wichtige Unternehmen besteht heute noch.

Zur Sicherstellung der Wasser- und Energieversorgung des Ruhrgebietes wurden zwischen 1894 und 1913 zwölf Ruhr-Talsperren erbaut. Die bei weitem größte war die 1913 fertiggestellte Möhnetalsperre bei Körbecke im Kreis Soest, ein 25-Millionen-Mark-Bauwerk mit einer Länge von 640 Metern und einer Höhe von mehr als 40 Metern, das 135 Millionen Kubikmeter Stauvolumen besaß. Die riesigen Dimensionen waren angebracht: Mitte der dreißiger Jahre betrug der statistische Pro-Kopf-Wasserbedarf der Ruhrgebietsbevölkerung ungefähr 600 Liter – an einem einzigen Tag!

⇐ 1912 eröffnete Theodor Althoff in Essen am Limbecker Platz das damals größte »Provinzialkaufhaus« Westdeutschlands, einen Konsumtempel der Superlative mit 53 Fachabteilungen auf 10.000 Quadratmetern Verkaufsfläche. Es bildete den Glanzpunkt einer bis dahin steil aufwärts führenden Unternehmerkarriere. Kaum drei Jahrzehnte waren vergangen, daß der junge Textilkaufmann im Jahre 1885 das väterliche »Kurz-, Weiß- und Wollwaarengeschäft« in Dülmen übernommen hatte und die Weichen zum Aufbau einer Warenhauskette stellte. 1886 öffnete die erste Filiale in Rheine ihre Pforten; das Essener Haus war bereits die zwölfte Niederlassung. Der Erste Weltkrieg machte den Erweiterungsabsichten Althoffs einen Strich durch die Rechnung. Warenmangel und die Entwertung der Mark führten zu empfindlichen Umsatz- und Ertragsrückgängen, die das Unternehmen auf einen wirtschaftlichen Schlingerkurs brachten. 1920 kam es zum Zusammenschluß mit der erfolgreicheren Rudolph Karstadt KG. Während Karstadt nach 1945 zum größten europäischen Einzelhandelsunternehmen aufstieg, mußte Theodor Althoff miterleben, wie die von ihm angehäuften Schulden nach und nach sein gesamtes Vermögen auffraßen. Er starb am 26. August 1931, kurz vor dem Verkauf seiner Villa an der Piusallee zu Münster.

Am 1. April 1863 gründeten die Ahlener Johannes und Heinrich Kerkmann eine kleine Blechschmiede, in der sie zunächst verzinnte Blechwaren für den landwirtschaftlichen Bedarf herstellten. Der geschäftliche Durchbruch stellte sich jedoch erst 1875 ein, nachdem die Unternehmer mit emaillierten Geschirren auf den Markt kamen. Berühmt wurde die seit 1905 hergestellte »Felsen-Emaille«, ein Geschirr, das außen gelb-rot, innen grau-wolkig abgetönt war und sich durch eine besondere Haltbarkeit auszeichnete. Ein ähnlicher Verkaufsschlager wurde die seit 1904 gefertigte Stahlblechbadewanne »Adler«, die gegenüber den bisher üblichen gußeisernen Badewannen sehr leicht war und deren säurebeständiger Kochemailleüberzug eine Verwendung sogar im medizinischen Bereich mit seinen Laugen- und Schwefelanwendungen zuließ. 1898 wurde das Unternehmen in eine Aktiengesellschaft umgewandelt, die in den Jahren bis zum Ersten Weltkrieg Dividenden von bis zu 12 Prozent ausschüttete. Die Zahl der Arbeitskräfte, die 1884 noch 53 betragen hatte, war mittlerweile auf 240 angewachsen und sollte 1909 mit 530 ihren Vorkriegshöchststand erreichen. 1935 wurde das Unternehmen wegen finanzieller Unregelmäßgkeiten der Geschäftsleitung geschlossen. Seine Bedeutung für die Ahlener Wirtschaftsgeschichte ist gleichwohl kaum zu überschätzen. Der Erfolg der Kerkmann-Brüder ermutigte eine Reihe anderer Emailliermeister zu Firmengründungen und zog die Ansiedlung einer spezialisierten Zulieferindustrie nach sich, die die Wersestadt zu einem der wichtigsten deutschen Emaillezentren machten. Das Foto aus dem Jahre 1914 zeigt die Email-Aufträger der Firma Kerkmann bei der Arbeit.

Obwohl im westpreußischen Kulm geboren, galt er immer als ein »waschechter« Westfale: der Dichter Hermann Löns (1866–1914). Nach der Versetzung des Vaters nach Münster im Jahre 1884 besuchte der 18jährige das Gymnasium Paulinum, wo er auch das Abitur bestand. Weitere Lebensstationen waren u.a. Kaiserslautern, Gera, Hamburg und später Hannover, wo er als Schriftleiter verschiedener Zeitungen arbeitete und sich seit 1911 den Ruf des »Dichters der Lüneburger Heide« erwarb. Überarbeitet, innerlich zerrissen, nach zwei unglücklichen Ehen auch privat nicht zur Ruhe kommend, den kulturellen und technischen Umwälzungen seiner Zeit mit großer Skepsis gegenüberstehend, wirkte der Ausbruch des Ersten Weltkriegs auf den national eingestellten Löns wie eine Befreiung. Mit Begeisterung meldete er sich als Kriegsfreiwilliger – gut einen Monat später, am 26. September 1914, wurde er bei Loivre tödlich verwundet.

Um die Jahrhundertwende gehörten eine ganze Reihe westfälischer Maler zur deutschen Künstlerelite. Einer von ihnen war der Münsteraner Bernhard Pankok (1872–1943). Schon in dem frühen Selbstporträt des 26jährigen zeigt sich sein beachtliches Talent. Die ganze Bandbreite seines Schaffens ging jedoch weit über die Malerei hinaus. Als Sohn eines Stuhlmachers mit handwerklichem Geschick ausgestattet, betätigte er sich auch als Möbeldesigner, Bühnenausstatter und Architekt. Neben der Malerei und Buchillustration entwarf er Passagierkabinen von Zeppelin-Luftschiffen, private und öffentliche Bauten in mehreren deutschen Großstädten sowie Beiträge zur Pariser Weltausstellung des Jahres 1900. Mit diesen Grenzüberschreitungen befand sich das westfälische Multitalent durchaus im Einklang mit seiner Zeit. Der »Jugendstil« – an dessen namengebendem Publikationsorgan, der Zeitschrift »Die Jugend«, Pankok übrigens auch mitarbeitete – verstand sich als ein alle Lebensbereiche umfassendes Programm, das die handwerkliche Qualität und die Einzigartigkeit des Handgemachten der industriellen Massenware gegenüberstellte.

Eine frühe Aufnahme von August Macke (1887–1914), der während seines viel zu kurzen Lebens die »Seligkeit der Farben« suchte. Nach dem Schulbesuch in Köln und Bonn sowie einem Studium an der Düsseldorfer Kunstakademie und der dortigen Kunstgewerbeschule siedelte er 1907 nach Berlin über. 1909/10 hielt er sich am Tegernsee, 1911 wieder in Bonn auf. 1913/14 lebte er am schweizerischen Thunersee. Noch zahlreicher als seine Adressen waren seine Freunde und Maler-Bekannten: Lovis Corinth, Henri Matisse, Wassily Kandinsky, Paul Klee und Franz Marc hießen die wichtigsten. Über sie fand August Macke viele Anregungen, auch den Anschluß an die Künstlergruppe »Der Blaue Reiter«. Stilistisch blieb er gleichwohl immer individuell und unverkennbar. Sein Hauptthema: Landschaft und Menschen; sein malerisches Ziel: die Erreichung atmosphärischer Lichtwirkungen ausschließlich mit Hilfe reiner Farben. Am nächsten kam er ihm auf einer Reise nach Nordafrika, die er 1914 zusammen mit Louis Moilliet und Paul Klee unternahm und die später als die »Tunisreise« in die Kunstgeschichte eingehen sollte. Im September 1914 fiel er in einem Gefecht bei Perthes-les-Hurlus.

Ganz anders als sein Zeitgenosse August Macke wandte sich Otto Modersohn (1865–1943) nie der Maleravantgarde seiner Zeit zu. In Soest geboren, in Münster seine Schulzeit verbringend, studierte er 1884 bis 1888 an der Düsseldorfer Kunstakademie, freilich ohne dort nennenswerte Anregungen zu bekommen. Die erhielt er erst auf mehreren Reisen nach Paris, vor allem durch Bilder von Corot, Millet und der französischen Landschaftsmalerei der Schule von Barbizon. 1889 zog er nach Worpswede, einem nordöstlich von Bremen inmitten einer wilden Moorlandschaft gelegenen Dorf, dessen landschaftliche Abgeschiedenheit und Wildheit ihn reizte. Als ihm viele seiner Künstlerkollegen folgten und aus dem Dorf eine recht lebendige Künstlerkolonie entstand, wich Modersohn ins benachbarte Fischerhude aus. Unter dem Eindruck des Todes seiner Frau, der Künstlerin Paula Becker, verstärkte sich hier seine Tendenz, sich völlig in die Arbeit zurückzuziehen. Als er 1943 starb, umfaßte sein Werk 4.000 Bilder. Das gezeigte Bildnis stammt übrigens von Heinrich Vogeler.

1914 bis 1945

Bezugspreis vierteljährlich: in Münster zweimal täglich frei ins Haus gebracht 1 Mk. 50 Pfg., — auswärts von der Post abgeholt 1 Mk. 50 Pfg., durch den Briefträger gebracht überall, wo nur einmal im Tage Briefbestellung stattfindet, 1 Mk. 92 Pfg., in Orten mit zwei- und mehrmaliger Bestellung 2 Mk. 22 Pfg.

Drahtadresse: Volkszeitung Münsterwestf.
Fernspr.: Redaktion (Klosterstr. 31/32) Nr. 264 u. 22.
Fernspr.: Geschäftsstelle (Michaelisplatz 9) Nr. 76.

Münsterischer Anzeiger

Zwei Ausgaben täglich. **und Münsterische Volkszeitung.** 36001 Abonnenten.

Anzeigen: Der Raum für die Anzeigenspalte, 39 mm breit, 2,4 mm hoch/25 Pf.; bei Anzeigen aus dem R.-Bz. Münster 20 Pfg., aus der Stadt Münster 15 Pfg. (für Aktiengesellschaften x., Vereine und Behörden 25 Pfg.). Reklamen: Der Raum für die Reklamenspalte, 87 mm breit, 2,4 mm hoch; 1 Mk. — Für Erfüllung von Platzvorschriften wird keine Gewähr, sowie für Druckfehler keine Haftung übernommen. Etwaiger Rabatt gilt als Kassenrabatt und kann verweigert werden, wenn Zahlung nicht binnen vier Wochen nach Erhalt der Rechnung erfolgt. — Gebühr für Beilagen nach Gewicht.

Sonder-Ausgabe. Freitag, 31. Juli 1914. 63. Jahrgang.

Der Kriegszustand erklärt!

Berlin, 31. Juli. (Drahtb.) Se. Majestät der Kaiser haben auf Grund des Artikels 68 der Reichsverfassung das Reichsgebiet ohne Bayern in **Kriegszustand** erklärt. Für Bayern ergeht die gleiche Anordnung. Die Zustand drohender Kriegsgefahr bedingt alle militärischen Maßnahmen an der Grenze und zum Schutze der Eisenbahnen. Verkehrsbeschränkungen der Post, des Telegraphen und der Eisenbahnen zugunsten des militärischen Bedarfs. Weitere Folgen sind: Erklärung des **Kriegszustandes**, gleichbedeutend mit **Belagerungszustand** in Preußen, Verbot der Veröffentlichungen über Truppenbewegungen und Verteidigungsmittel.

Eine frühere Meldung besagte:

Berlin, 31. Juli. (Drahtb.) Aus Petersburg ist heute die Nachricht des deutschen Botschafters eingetroffen, daß die allgemeine **Mobilmachung der russischen Armee** und der Flotte befohlen worden ist. Darauf hat Se. Majestät der Kaiser den

Zustand der drohenden Kriegsgefahr

befohlen. Se. Majestät wird heute nach Berlin übersiedeln.

Seit 18 Uhr erschienen am 31. Juli 1914 die Extrablätter, in denen der Kriegszustand im Deutschen Reich erklärt wurde. Am folgenden Tag ordneten Deutschland, Großbritannien und Frankreich die Mobilmachung an.

Ängstlichkeit und Unvermögen der Obersten Heeresleitung waren für den Mißerfolg des deutschen Aufmarsches im Westen Anfang August 1914 verantwortlich. Der aus Münster stammende Generaloberst Alexander von Kluck, Befehlshaber der I. Armee auf dem rechten Flügel, stand unmittelbar vor den Toren von Paris, als ihn der überraschende Befehl zum Rückzug ereilte. Damit war der ganze Aufmarsch gemäß den Vorstellungen des Strategen Graf von Schlieffen hinfällig geworden. Der in Koblenz sitzende Chef des Generalstabs von Moltke wollte eine Lücke entdeckt haben und glaubte, die Armee von Kluck sei verloren. Der Krieg erstarrte dann im Stellungskampf. In vollkommen sinnlosen Abwehrschlachten ließen Millionen Soldaten ihr Leben. ⇒

Die Generalmobilmachung am 1. August 1914 versetzte das ganze Land in einen regelrechten Kriegstaumel. Westfalen machte keine Ausnahme. An jenem Tag notierte der münsterische Stadtarchivar Schulte: »Da brach mit urgewaltiger Kraft die beispielloseste Begeisterung unaufhaltsam und übermächtig hervor. Unvergeßlich für immer prägte sich den Menschen, die in jener denkwürdigen Stunde auf dem Markte standen, der endlose Jubelruf, der feierliche Gesang, das donnernde Hurra in das weit geöffnete Herz ein. Stundenlang dauerten die Kundgebungen auf dem Markte, vor den Kasernen und in den Straßen ...«. Die jungen Männer, die sich – wie hier auf dem Prinzipalmarkt in Münster – zur Musterung begaben, hatten keine Ahnung, welches Inferno sie an den Fronten des Stellungskrieges erwartete.

Am 28. November 1914 starb in Münster der namhafte Physiker Johann Wilhelm Hittorf im Alter von neunzig Jahren. Bahnbrechend waren seine Untersuchungen über die Elektrolyse und den Elektrizitätsdurchgang durch Flüssigkeiten, wobei er der Ionenwanderung auf die Spur kam.

Die westfälische Provinzialhauptstadt Münster, an ihrer Einwohnerzahl von etwas mehr als einhunderttausend gemessen eine der größten Garnisonen des Kaiserreichs, beherbergte während des Ersten Weltkriegs nahezu 90.000 Kriegsgefangene, darunter Engländer, Russen, Franzosen und Belgier samt zahlreicher Kolonialtruppen. Wegen der fehlenden Arbeitskräfte in den Fabriken und in der Landwirtschaft wurden die allermeisten als Zwangsarbeiter verpflichtet. 1918 besuchte der Nuntius in Deutschland, der spätere Papst Pius XII., ein Kriegsgefangenenlager in der Nähe von Münster, um sich einen Eindruck von den dortigen Verhältnissen zu verschaffen.

»Der Tod der Vernunft gebiert Ungeheuer« – und Helden! Der U-Boot-Kommandant Otto Weddigen (1882–1915) avancierte im Ersten Weltkrieg schnell zu einer Art »Roten Baron der Weltmeere« und zum bekanntesten Soldaten Westfalens. Der gebürtige Herforder versenkte am 22. September 1914 bei Hoek van Holland gleich drei englische Panzerkreuzer. Den Briten war der Schreck dermaßen in die Glieder gefahren, daß sie ihre Flotte zunächst einmal in die Häfen Irlands und Schottlands beorderten und die Blockadelinie auf die Linie Shetlandinseln-Bergen zurückzogen. Im März 1915 fand Weddigens Draufgängertum ein jähes Ende: Bei einem mißglückten Angriff auf das Linienschiff »Dreadnought« sank sein Boot, die mittlerweile legendäre U 29, und riß ihn mit der gesamten Mannschaft auf den Meeresgrund.

Unten: Ausmarsch einer in Münster stationierten Abteilung Kürassiere im Jahre 1915.

Wie hier in Dortmund wurden seit 1916 die Käuferschlangen immer länger. Daß in dem abgebildeten Geschäft noch Delikatessen im Angebot waren, ist zu bezweifeln.

Das Gruppenfoto wurde 1916 vor der »Kriegsmilchküche« am Neutor in Münster aufgenommen. Auf dem weißen Schild ist vermerkt, daß von Januar bis Oktober des Jahres 15.342 Liter Milch »an Kriegskinder verabreicht« worden sind.

Im Laufe des Ersten Weltkriegs wurde manch nationalistische Rede vom Knurren der Mägen übertönt. Selbst in Münster, als Garnisons- und Verwaltungsstadt gegenüber anderen Orten privilegiert, stiegen Säuglingssterblichkeit und Tuberkulosefälle nach dem »Steckrübenwinter« 1916/17 deutlich an. Die Bevölkerung reagierte mit Galgenhumor. Man erzählte sich – so der Stadtarchivar Schulte in seiner Kriegschronik – das »Kriegsglaubensbekenntnis«, das von ausgesprochen irdischen Dingen handelte: »Ich glaube an die Marmelade, die allgemeine Ernährung des deutschen Volkes und an die Steckrübe, die stammverwandte Genossin, gelitten unter der Zentraleinkaufsgesellschaft, gesammelt und gepreßt, niedergefallen zur Erde, am dritten Tage wieder aufgelesen als Tafeläpfel, von dannen sie kamen als Aufstreichmittel für Deutschlands hungernde Söhne. Ich glaube an den heiligen Profit, an eine allgemeine große Wuchergesellschaft, Gemeinschaft der Hamsterer, Verteuerung des Fleisches und an einen ewigen Kriegszustand. Amen!« Solch blasphemische Töne im gottesfürchtigen Münster – da mußte es wirklich schlimm stehen um die Kriegsmoral des »kleinen Mannes«. Die Behörden mühten sich nach Kräften um eine Versorgungsverbesserung. Dazu gehörte auch der Einsatz von Schülern als Erntehelfer. Abgebildet sind Gymnasiasten des münsterischen Gymnasiums Paulinum auf den Rieselfeldern bei Coerde im Jahre 1917.

Mit der Meuterei der Matrosen in Wilhelmshaven und Kiel begann am 29. Oktober 1918 die sogenannte Novemberrevolution. Am 9. November wird in Berlin die Abdankung des Kaisers bekanntgegeben; Reichskanzler Prinz Max von Baden war ebenfalls zurückgetreten. Am selben Tag ruft Philipp Scheidemann die Deutsche Republik aus. Wilhelm II. begibt sich am 10. November ins Exil nach Doorn.

2. Extraausgabe Sonnabend, den 9. November 1918.

Vorwärts

Berliner Volksblatt.

Zentralorgan der sozialdemokratischen Partei Deutschlands.

Der Kaiser hat abgedankt!

Der Reichskanzler hat folgenden Erlaß herausgegeben:

Seine Majestät der Kaiser und König haben sich entschlossen, dem Throne zu entsagen.

Der Reichskanzler bleibt noch so lange im Amte, bis die mit der Abdankung Seiner Majestät, dem Thronverzichte Seiner Kaiserlichen und Königlichen Hoheit des Kronprinzen des Deutschen Reichs und von Preußen und der Einsetzung der Regentschaft verbundenen Fragen geregelt sind. Er beabsichtigt, dem Regenten die Ernennung des Abgeordneten Ebert zum Reichskanzler und die Vorlage eines Gesetzentwurfs wegen der Ausschreibung allgemeiner Wahlen für eine verfassungsgebende deutsche Nationalversammlung vorzuschlagen, der es obliegen würde, die künftige Staatsform des deutschen Volk, einschließlich der Volksteile, die ihren Eintritt in die Reichsgrenzen wünschen sollten, endgültig festzustellen.

Berlin, den 9. November 1918. **Der Reichskanzler.**
Prinz Max von Baden.

Es wird nicht geschossen!

Der Reichskanzler hat angeordnet, daß seitens des Militärs von der Waffe kein Gebrauch gemacht werde.

Parteigenossen! Arbeiter! Soldaten!

Soeben sind das Alexanderregiment und die vierten Jäger geschlossen zum Volke übergegangen. Der sozialdemokratische Reichstagsabgeordnete Wels u. a. haben zu den Truppen gesprochen. Offiziere haben sich den Soldaten angeschlossen.

Der sozialdemokratische Arbeiter- und Soldatenrat.

Verkündung der Republik durch den SPD-Funktionär Emmerich Düren am 9. November 1918 in Münster.

Nach dem 9. November übernahmen in den Städten und Kommunen Arbeiter- und Soldatenräte die Leitung der politischen Geschicke. Dagegen formierten sich rasch Freiwilligenverbände, wie etwa die Akademische Volkswehr in Münster unter der Leitung einiger Reichswehroffiziere. Während der Auseinandersetzung wurde vor dem Rathaus in Münster ein schweres Maschinengeschütz in Stellung gebracht.

Schon die schmerzhaften Geburtswehen der Weimarer Republik ließen erahnen, daß der ersten deutschen Demokratie kein allzu glückliches und dauerhaftes Leben beschieden sein sollte. Im Frühjahr 1920 traten die tiefen Risse, die durch die deutsche Gesellschaft gingen, deutlich zutage. Am 13. März marschierten Freikorpstruppen in Berlin ein. Der politische Führer der Putschisten, der ehemalige Generallandschaftsdirektor von Ostpreußen Wolfgang Kapp, ließ sich zum Reichskanzler ausrufen. Die nach Dresden geflohene SPD-Regierung forderte die Arbeiter zum Generalstreik auf. Ein Schwerpunkt der Arbeitsniederlegungen, Demonstrationen und Versammlungen wurde das Ruhrgebiet, wo es zu schweren Kämpfen zwischen Freikorps und Arbeitern kam. Als der Putsch am 17. März endete, brach auch das labile Bündnis der verschiedenen Arbeiterorganisationen auseinander. Während die gemäßigten unter ihnen – SPD, die nichtsozialistischen Gewerkschaften, das Zentrum und die DDP (Deutsche Demokratische Partei) – die Aktionen einstellten, erhoben die linksorganisierten Arbeiter weitere Forderungen: die Verstaatlichung des Kohlenbergbaus, eine Bestrafung der Putschisten, die Entlassung von Verfassungsgegnern aus Militär und Verwaltung, effektive Sozialgesetze. Als militärische Speerspitze der Bewegung formierte sich die Rote Armee, über 120.000 Mann stark, mit Maschinengewehren und Geschützen bewaffnet. Da die Reichswehr aufgrund der Bestimmungen des Versailler Vertrages nur eine begrenzte Anzahl an Truppen in der neutralen rechtsrheinischen Zone unterhalten durfte, kontrollierte die Rote Armee anfangs nahezu das gesamte Ruhrgebiet. Das Foto zeigt eine ihrer Einheiten.

Das Foto wurde am 20. April 1920 aufgenommen und zeigt einen kommunistischen Posten vor der Hauptpost in Dortmund. Die Stadt war Mitte März zum strategischen Dreh- und Angelpunkt der Auseinandersetzungen geworden, als Einheiten des Korps Lichtschlag einen Zug mit Minenwerfern und Maschinengewehren durch den Güterbahnhof Süd in Richtung Hagen, einem Zentrum des Arbeiteraufstands, bringen wollten. Die Dortmunder Eisenbahner blockierten den schweren Panzerzug und verständigten die Rote Armee. Die Freikorpssoldaten hatten gegen die vorrückenden 10.000 Mann der Ruhrarmee keine Chance. Sie wurden gefangengenommen. Die Rotarmisten marschierten weiter in Richtung Wattenscheid und Essen. Am 22. März hatten sie das Ruhrgebiet unter ihrer Kontrolle.

Das gegen die Rote Armee im Ruhrgebiet kämpfende Freikorps des Hauptmanns Lichtschlag rückte am 6. April 1920 in Schwerte ein.

Vom 15. März bis zum 10. Mai 1920 kommt es infolge des sogenannten Kapp-Putsches im Ruhrgebiet zum bewaffneten Widerstand gegen die zahlreich in Erscheinung tretenden Freikorps. Im Bild: Bewaffnete kommunistische Aufständische.

Der Name des bis dahin nur regional bekannten Bielefelder SPD-Reichstagsabgeordneten Carl Severing wurde 1919 in Deutschland zu einem Begriff. In jenem Jahr erfolgte seine überraschende Berufung zum Reichskommissar für das rheinisch-westfälische Industriegebiet. Severings tatkräftigem Eingreifen war die Auflösung der während des Kapp-Putsches 1920 im Ruhrgebiet aufgestellten Roten Armee zu verdanken. Das Bielefelder Abkommen vom 23. März 1920 trug seine Handschrift. Von 1920 bis 1926 setzte sich Severing als preußischer Innenminister vor allem für den Ausbau der Schutzpolizei ein. Nach dem Krieg war er Mitglied des Landtags von Nordrhein-Westfalen. Der aus Herford gebürtige Politiker starb 1952. Das Bild zeigt ihn kurz nach dem Zweiten Weltkrieg.

⇐ Im Laufe der Kämpfe erbeutete die Rote Armee ein beträchtliches Waffenarsenal. Hinzu kamen Bestände aus überfallenen militärischen Depots und Sprengstofflagern der Zechen. Nach dem auf Initiative des Staatsministers Carl Severing geschlossenen Bielefelder Abkommen vom 24. März 1920 gaben zwar viele Rotarmisten ihre Waffen zurück, doch konnte von einer vollständigen Entwaffnung erst nach der Niederschlagung des Aufstandes durch die Reichswehr im April die Rede sein. Das Foto zeigt einen kommunistischen Instrukteur bei der Vorführung eines Maschinengewehrs.

Am 6. April 1920 marschierte die Brigade von Epp in Dortmund ein; das Ende des dortigen Aufstands stand unmittelbar bevor. Seine Niederschlagung war von Greueltaten begleitet. Vier Tage zuvor, am 2. April, hatten die Soldaten dieser Einheit bei Pelkum eine blutige Spur hinterlassen. Nach einem Gefecht mit Rotarmisten erschossen sie mehrere Verwundete und zehn Sanitäterinnen der Roten Ruhrarmee. Weitere Aufständische wurden »auf der Flucht erschossen«. Die genaue Zahl der Opfer, die die Ruhrkämpfe unter den Arbeitern forderten, wurde nie ermittelt. Mit Sicherheit überschritt sie aber die 1.000. Die Reichswehr hatte 208 Tote und 123 Vermißte, die Sicherheitspolizei 41 Tote zu beklagen. Das Geschehene belastete die Stimmung im Ruhrgebiet noch auf Jahre hinaus. Das Ergebnis war eine weitere gesellschaftliche Polarisierung, die in einem Linksruck der Arbeiter und einem Rechtsruck im Bürgertum zum Ausdruck kam.

Die Umstellung der Kriegswirtschaft auf friedensmäßige Verhältnisse brachte erhebliche Probleme mit sich. Während jedoch die industriepolitischen Schwierigkeiten bewältigt wurden, blieb die Arbeitslosigkeit ein durchgehendes Kennzeichen der Weimarer Republik. Der ohnehin zögerlichen Identifikation der Bevölkerung mit der neuen Staatsform war dies natürlich alles andere als dienlich. Das Foto zeigt Arbeitslose in Münster, die eine Weihnachtsbeihilfe fordern.

Reichswehrtruppen in den Straßen Bottrops nach der Vertreibung der Roten Armee im April 1920.

In nördlicher Richtung drang die Rote Armee bis nach Dülmen, Lüdinghausen und Ascheberg vor. Auch in Hiltrup konnte sie sich etablieren. Im nur wenige Kilometer entfernten Münster wuchsen die Ängste einer bevorstehenden Einnahme durch die Rotgardisten – immerhin war die Stadt Sitz des VII. Armeekorps und seines Befehlshabers General von Watter, der mit der Niederschlagung des Aufstandes beauftragt war. An der Universität formierte sich die Akademische Wehr, ein Freikorps, das sich aus Studenten und Dozenten zusammensetzte. Das Korps stand unter der Leitung des Universitätsrektors und wurde von Martin Niemöller, dem späteren Exponenten der Bekennenden Kirche, angeführt. Das Foto stammt vom 23. April 1920 und zeigt eine Parade der Studentenwehr, die von General von Watter und dem Universitätsrektor abgenommen wird.

Die Not der Kriegsjahre setzte sich nach 1919 fort. Arbeitslosigkeit und Hunger prägten das Bild. Mildtätige Einrichtungen aus den USA, darunter auch die Quäkerspeisung, leisteten tatkräftige Hilfe. Besondere Verdienste erwarb sich hierbei der spätere amerikanische Präsident von 1929 bis 1933, Herbert Clark Hoover, Organisator der Lebensmittelhilfe nach dem Ersten wie auch nach dem Zweiten Weltkrieg. Das Nobelkomitee in Oslo würdigte die verdienstvolle Arbeit der Quäker mit dem Friedensnobelpreis. Das Bild zeigt münsterische Schulkinder im Jahre 1923, die sich zu einem Gruppenbild formiert haben; rechts der Oberbürgermeister der Stadt, Dr. Sperlich. Auf dem Plakat ist zu lesen: »Die deutschen Kinder sagen ihren lieben Freunden in Amerika innigen Dank! Münster.«

Eine der führenden Frauenrechtlerinnen in der ersten Hälfte des 20. Jahrhunderts war die aus Hohenlimburg bei Hagen stammende Gertrud Bäumer. Die promovierte Gymnasiallehrerin schloß sich früh der Frauenbewegung um Helene Lange an und wurde Herausgeberin der Zeitschrift »Die Frau«, in der sie sich für die soziale, politische und rechtliche Gleichstellung der Frauen stark machte. 1919 gehörte Gertrud Bäumer der Deutschen Nationalversammlung in Weimar an, später saß sie auch im Reichstag und bekleidete das Amt einer Ministerialrätin im Reichsministerium des Inneren. 1933 wurde sie, wie so viele andere Demokraten auch, aus politischen Gründen entlassen. Danach widmete sie sich ausschließlich der Schriftstellerei und erreichte mit ihren Büchern hohe Auflagen. Gertrud Bäumer starb im März 1954.

Rechts oben: In vielen kleinen und mittleren Städten Westfalens brachte die Industrialisierung eine bunte Palette gewerblicher Branchen hervor, die die wirtschaftliche Krisenanfälligkeit der oftmals von großen Bergbau- oder Eisen- und Stahlunternehmen dominierten Kommunen minderten. Das war auch in Ahlen der Fall, wo seit der Abteufung der Zeche Westfalen um 1910 der Steinkohlenbergbau eine prägende Stellung einnahm. Gegen Ende des 19. Jahrhunderts hatte sich hier aus handwerklichen Anfängen heraus eine leistungsfähige Schuhindustrie entwickelt, die reichs- bzw. bundesweit zwar nur eine Nischenposition einnahm, im Rahmen der Ahlener Wirtschaft hingegen einen wichtigen Faktor bei der Bereitstellung von Arbeitsplätzen und der Erlangung von Steuereinnahmen darstellte. Einen guten Ruf erwarben sich die Firmen vor allem mit robusten Arbeitsschuhen, die von den Arbeitern in den Ruhrzechen, den Beckumer Steinbrüchen und auf den Bauernhöfen des Umlandes getragen wurden. 1985 mußte das letzte Unternehmen, die 1898 gegründete Schuhfabrik Steinhoff, vor der ausländischen Konkurrenz kapitulieren – der Kostendruck war zu groß geworden. Unsere Abbildung zeigt einen Firmen-Briefkopf aus dem Jahre 1918.

Ein Teil des Hochofenwerkes der Dortmunder Hoerder Hüttenunion AG in den zwanziger Jahren.

Anfertigung von
Arbeiterschuhen u. Stiefeln,
Herrenstiefel in Boxcalf u. Boxrind.
Knie-, Schaft- u. Militärstiefel.
Jagd-, Touristen- u. Sportstiefel.
SPECIALITÄT:
Arbeitersachen in Rindleder und
Rindspalt und feinere Herrenstiefel.
Telegramm-Adresse:
Steinhoff Hürkamp Ahlenwestf.
Giro-Conto:
Ahlener Bank-Verein A.-G.
Postscheckkonto 5294 Cöln.
Steinhoff & Hürkamp
SCHUHWAREN-FABRIK
FERNSPRECHER
№ 62

»Das walte Hugo!« war in den zwanziger Jahren oft zu hören. Der Spruch bezog sich auf den legendären Konzernarchitekten Hugo Stinnes, der seit den Gründerjahren nach 1871 ein riesiges Firmenimperium von etwa 3.000 Betrieben schuf. Innerhalb seines Reiches herrschte der »Assyrerkönig«, wie Stinnes wegen seines schwarzen Bartes genannt wurde, unumschränkt. Ihm gehörten allein über 80 Zechen, 56 Hütten- und Walzwerke, 57 Banken und Versicherungen sowie eine Vielzahl an Schiffen im In- und Ausland. Während des Ersten Weltkriegs und der nachfolgenden Inflation konnte Stinnes sein Vermögen noch beträchtlich vermehren. Aber all der Reichtum brachte ihm kein Glück. Vollkommen überraschend starb Stinnes am 10. April 1924 an den Folgen einer Operation.

Des öfteren weckte das Ruhrgebiet nachbarliches Begehren. So auch im Januar 1923, als französische und belgische Truppen das Gebiet zwischen Lippe, Ruhr und Lünen besetzten. 1922 hatte die Reparationskommission bekanntgegeben, daß Deutschland die im Versailler Vertrag festgelegten Holzlieferungen nicht restlos erfülle. Gegen die Stimmen Englands wurde daraufhin seitens der Kommission festgestellt, daß dies ein vorsätzlicher Verstoß gegen den Friedensvertrag sei. Paris räumte Deutschland noch eine kurze Frist ein und ließ nach deren Ablauf Soldaten marschieren. Am 11. Januar 1923 besetzten fünf französische Divisionen und eine belgische Einheit Essen und Gelsenkirchen, wenig später Bochum, Witten und andere Orte. Die deutsche Regierung unter Reichskanzler Stresemann reagierte mit der Ausrufung des passiven Widerstands. Neun Monate lang war die Stimmung zwischen Belagerern und Belagerten äußerst gereizt. Auf deutscher Seite blieb es nicht bei der Arbeitsverweigerung; Sabotageakte und Überfälle auf Besatzungssoldaten traten hinzu. Den Besatzern sollte auf diese Weise klar gemacht werden, daß man mit Bajonetten keine Kohle fördern könne. Die Franzosen antworteten mit drakonischen Strafen, Ausweisungen – allein unter den Eisenbahnern und ihren Familien waren davon 140.000 Personen betroffen –, Ausgangssperren und Beschlagnahmungen. In Buer blieben gar die Bürgersteige für die Mitglieder des Besatzungsregiments reserviert. Erst im September 1923 wurde der passive Widerstand abgebrochen – die wirtschaftliche Notlage ließ keinen anderen Ausweg zu. Gleichwohl erwies sich die Aktion auch für die Franzosen als politischer und wirtschaftlicher Fehlschlag. Der Dawesplan brachte im August 1924 eine Neuregelung der Reparationen und legte den Grundstein zur Beendigung der Ruhrgebiets-Besatzung im August 1925. Das Foto zeigt den Einmarsch einer französischen Artillerie-Einheit am Essener Hauptbahnhof.

Krisenjahr 1923: Die Reichsregierung proklamierte den passiven Widerstand, dem sich auch die Gewerkschaften sofort anschlossen. Daraufhin verhängte der französische Oberkommandierende den Belagerungszustand, was sogleich zahlreiche Zusammenstöße zwischen Militär und Zivilisten zur Folge hatte. Der schwerste, der sich in Essen ereignete, forderte 13 Tote. Im Bild eine französische Kontrolle der Güterzüge.

FRANZOSEN!

Mit Tanks, Kanonen und 100 000 wohlgenährten, schwerbewaffneten Soldaten seid ihr in »Friedenszeit« in unser friedliches Ruhrrevier eingedrungen.

!Wie im Kriege haust ihr bei uns!

Beamtentreue, Frauenehre, Mannesmut, Eigentum und Leben werden von euch nicht geachtet!

Und da sollen wir noch glauben, ihr kämet in friedlicher Absicht zu uns:

Was wollt ihr bei uns?

1. *Bloß eure Kohlen holen,* die man euch angeblich zu wenig geliefert hat! – Nun gut! – So soll sich jeder Soldat eine Handvoll in die Hosentaschen stecken – denn mehr fehlte nicht. Aber dann zieht ab.
2. *Bloß eure Ingenieurkommission schützen!* Wir brauchen eure „Ingenieure“ nicht! Wir haben selbst welche – und bessere! – Laßt Eure weg, dann braucht Ihr sie nicht zu schützen.
3. *Bloß dem Volk die Augen öffnen über die „Herren der Berliner Regierung und der Schwerindustrie“!* Oh, Ihr Heuchler. Was tut Ihr denn in Offenburg? Gibt es da auch Kohlen, Berliner Regierung und Schwerindustrie?

Uns sind die Augen geöffnet.

Gewiß, die große Masse des Volkes darbt! – Aber seitdem ihr hier seid: **leidet sie Hunger, denn eure feisten Soldaten schlemmen auf unsere Kosten!**

Bringt sie zurück zur friedlichen Arbeit!

Wir wollen nichts gemein haben mit eurer Verleumdung, Lüge u. Dummheit.

Wir sind Westfalen!,

und die solltet Ihr doch weiß Gott kennen!

U. A. z. W. d. D. W., Ortsgruppe Dortmund.

Das Flugblatt von 1923 bringt die Empörung der Bevölkerung gegenüber den französischen Besatzern zum Ausdruck.

Nach dem Ersten Weltkrieg summierten sich Kriegsfolgekosten und Reparationszahlungen zu einer gigantischen Belastung, der der Staatshaushalt nicht mehr Herr wurde. Um 1920 überstiegen die Ausgaben des Reiches seine Einnahmen um über 10 Milliarden Mark. Die Reichsregierung warf die Notenpresse an, die inflationären Wirkungen dabei bewußt in Kauf nehmend, weil sie den Export und den Binnenmarkt stimulierten. 1923 kippte die Finanzsituation jedoch in eine Hyperinflation um, deren weiterer Gang nicht mehr beherrschbar war. Da der Wert des Geldes praktisch stündlich sank, wuchs die Geldmenge ins Astronomische. Ein Ei kostete am 9. Juni 1923 800 Mark, am 2. Dezember 320 Milliarden Mark! An den Zahltagen trugen die Arbeiter und Angestellten ihre Löhne in Waschkörben schleunigst ins nächstgelegene Geschäft – sie wußten, daß nur wenige Stunden zu vergehen brauchten, bis die Waren mitunter das Doppelte kosteten. Die Banken druckten Notgeld, das sein Papier nicht wert war. Die Abbildung zeigt einen Hundert-Millionen-Mark-Schein der Landesbank der Provinz Westfalen vom August 1923.

Was gestern noch einen gewissen Wert darstellte, war morgen schon Makulatur. In der Zeit vom 11. August bis zum 23. November 1923 stellte die Landesbank 13 verschiedene Notgeldsorten her, deren Einzelwert zwischen einer Million und fünf Billionen lag. Auf dem Höhepunkt der Inflation kostete ein Fünf-Pfund-Brot in Münster 250 Milliarden Mark. Ein schwacher Trost: In Köln war es um einige zehn Milliarden Mark teurer.

Carl Müller, Münster
ugendlicher Heldentenor, sang wiederholt mit Erfolg am Sender Münster

Im ersten Monat des Bestehens bildeten ganze 14 Zuhörer den Stamm, Ende 1924 waren es schon rund 9.000 und ein Jahr später 100.000: Nicht Köln, wie ursprünglich geplant, erlebte die neunte und damit letzte Gründung eines Senders in Deutschland, sondern Münster. Der Grund hierfür hing allein mit der Besetzung des Ruhrgebiets durch Frankreich 1923 zusammen. Am 10. Oktober 1924 ging die erste Sendung des späteren WDR aus Münster über den Äther. Als man auch im Ruhrgebiet nach dem Abzug der Besatzung Rundfunk hören durfte, stieg die Anzahl der Rundfunkteilnehmer noch einmal gewaltig an. Der Sender erlebte in der Folgezeit denkwürdige Übertragungen, so im Juli 1925 die erste Reportage von einer Sportveranstaltung; es war eine Ruderregatta. In jenem Jahr wurde auch eine Gymnastikstunde eingeführt. Die sorgte für beträchtlichen Wirbel, weil man dem Rundfunk vorwarf, die Nacktkultur zu fördern.

Im Zuge der Industrialisierung wuchs die westfälische Bevölkerung zwischen 1852 und 1914 von 1,5 Millionen auf knapp 4,5 Millionen Menschen an. Diese Zuwanderung hatten die entstehenden Industriebetriebe bitter nötig - man suchte händeringend nach Arbeitskräften. Die westfälischen Neubürger stammten häufig aus dem Rheinland, Ost- und Westpreußen, Posen und Schlesien. Sie siedelten sich nun in der Nähe der Unternehmen an, in denen sie einen Arbeitsplatz gefunden hatten. Die Folge war, daß Orte wie Dortmund innerhalb weniger Jahrzehnte von einem unbedeutenden Städtchen zu einer pulsierenden Industriemetropole aufstiegen. 1880 hatte die Stadt 67.000 Einwohner; 1905 lebten hier bereits 176.000 Menschen. Das Foto aus den zwanziger Jahren zeigt einen Blick auf den belebten Platz »Am Burgtor«.

Die Zechenkolonie Dorstfeld bei Dortmund in den zwanziger Jahren.

Einem Paukenschlag kam 1925 die Eröffnung der Dortmunder Westfalenhalle gleich, denn eine derartig große Arena suchte man in Deutschland, ja in ganz Europa bisher vergebens. Die mit Ausnahme der Fundamente in Holzbauweise ausgeführte Halle besaß fast die Ausmaße eines Fußballfeldes und bot, je nach Veranstaltung, Platz für insgesamt 16.000 Personen. Die Westfalenhalle war als Sportarena konzipiert und sollte der wachsenden Bedeutung der verschiedensten Wettkämpfe Rechnung tragen. Im Zweiten Weltkrieg wurde sie zerstört.

Mit der Fertigstellung des Klinikumkomplexes im Jahre 1925 bekam die münsterische Hochschule endlich wieder eine medizinische Fakultät. Die alte war 1818 im Zuge der Aufhebung der Universität geschlossen worden. Erst 1912, zehn Jahre nach ihrer Wiedergründung, rang man sich im preußischen Kultusministerium zu der Entscheidung durch, der einzigen westfälischen Landesuniversität auch wieder eine vollwertige medizinische Fakultät anzugliedern. Daß sich die Bauarbeiten so lange hinzogen, lag an einer kriegsbedingten Unterbrechung in den Jahren 1916 bis 1920. Noch heute werden die Gebäude genutzt, die das Pflegepersonal wegen der überlangen Stationsflure nicht gerade schätzt. Dies war wohl auch ein Grund dafür, daß man sich beim 1982 bezogenen neuen Zentralklinikum für die Form von Rundtürmen entschied.

Auch das Ruhrgebiet besteht nicht ausschließlich aus Industrie. Die umliegende Landwirtschaft hatte vor allem zu Zeiten eingeschränkter Transportmöglichkeiten die wichtige Funktion der Lebensmittelversorgung. Die Bauern verkauften ihre Produkte, wie hier in Dortmund um 1928, auf den städtischen Märkten. ⇒

Hansahalle.

An der Ruhr.

Eine romantische Ackerbürgeridylle in Herdecke.

⇐ Seit der Jahrhundertwende trat die Technik auch auf den Bauernhöfen ihren Siegeszug an. Vor allem in den zwanziger Jahren kam es zu einem Rationalisierungsschub. Immer häufiger verwendete man Elektromotoren und spezielle Maschinen zum Säen, Düngen, Mähen und Heuwenden. Verbreitung fanden auch Dreschmaschinen, die per Transmissionsriemen von einer Lokomobile aus angetrieben wurden und in kurzer Zeit die Arbeit erledigten, für die früher mehrere Wintermonate erforderlich waren. Im Jahre 1925 benutzte man in der westfälischen Landwirtschaft gut 20.000 von ihnen; bis 1933 stieg ihre Zahl auf über 23.000. Für den Einsatz der Lokomobile bestanden strenge Sicherheitsvorschriften, kam es doch immer wieder zu Kesselexplosionen mit verheerenden Folgen. So mußten die stählernen Ungetüme außerhalb der Scheunen plaziert werden.

Die in weiten Teilen landwirtschaftliche Prägung Westfalens führte seit der Jahrhundertwende zur Gründung mehrerer Landmaschinenfabriken. Die Bauern kauften ihre Geräte mit Vorliebe bei nahe gelegenen Herstellern. So hatten sie die Gewißheit, daß bei Defekten der reparaturanfälligen Maschinen schnelle Hilfe geleistet wurde. Die erste Phase der landwirtschaftlichen Technisierung kennzeichnete die Einführung von Elektromotoren und Schleppern in den 20er Jahren. Auch die Entwicklung des abgebildeten Mäh-Dresch-Binders der Harsewinkeler Firma Claas war von Bedeutung. Erstmals in Europa war hier die Mäh- und Dreschmaschine zu einer konstruktiven Einheit verbunden. Die Maschine wurde von einem Traktor gezogen, über dessen Zapfwelle sie auch ihren Antrieb erhielt. Trotz einer großen Werbekampagne verkaufte die Firma bis 1942 nur 1.400 Stück von ihnen – die in Westfalen vorherrschenden Klein- und Mittelbetriebe konnten sich das teure Gerät meist nicht leisten. Der Entwicklung des Unternehmens tat dies indes keinen Abbruch. 1947 verschaffte ihr der Mähdrescher »Super« einen hervorragenden Start in die Nachkriegswirtschaft. Bis zu den 80er Jahren erklomm Claas die Position des größten Mähdrescher-Herstellers Westeuropas.

Die Westfalenhütte der Hoesch Aktiengesellschaft, um 1925. Der Gesamtbetrieb beschäftigte zu dieser Zeit etwa 19.000 Angestellte und Arbeiter und produzierte 560.000 Tonnen Roheisen und 739.000 Tonnen Stahl. Die Firma zählte damit neben Krupp und dem Bochumer Verein zu den Großen der Branche im Revier.

Hochofenarbeiter.

Mittag am Fabriktor.

Die Zeche Ewald in Herten. Das Bergwerk wurde 1872 eröffnet.

Bis in die zwanziger Jahre hinein waren Hammer und Schaufel die wichtigsten Werkzeuge des Bergmanns unter Tage.

Ein wichtiger Rationalisierungsschritt im Bergbau der zwanziger Jahre war die Einführung mechanischer Abbauhämmer.

Ein Arbeiter beim Koksverladen.

Der spröde Charme eines Kokerei-Mischturms.

Montagekumpel.

Gelsenkirchen in den zwanziger Jahren.

Sein Name war fast so lang wie die Liste seiner Ämter: Engelbert Freiherr von Kerckerinck zur Borg (1872–1933). Das westfälische Urgestein, 1872 auf dem elterlichen Gut bei Ahaus geboren, bewirtschaftete nach einer juristischen Ausbildung den Familienbesitz. 1916 begann das Zentrumsmitglied eine bemerkenswerte Verbandskarriere. Kerckerinck zur Borg wurde Präsident des Westfälischen Bauernvereins, der Westfälischen Zentralgenossenschaft und der Ländlichen Zentralkasse, um nur die wichtigsten Funktionen zu nennen. Von 1930 bis zu seinem Tod bekleidete er das Vorsitzendenamt bei der Westfälischen Landwirtschaftskammer. Zudem war er ein wichtiger Förderer der Heimatbewegung vor dem Ersten Weltkrieg.

Am 8. Februar 1931 sprach Reichskanzler Heinrich Brüning in einer Versammlung des Westfälisch-Lippischen Handwerks in seiner Heimatstadt Münster. Erfreuliches hatte der Zentrumspolitiker seinen Zuhörern kaum mitzuteilen. Seit gut einem Jahr wurde das Land von einer Wirtschaftskrise geschüttelt, die die industrielle Produktion bis 1932 auf gerade einmal 43 Prozent des Standes von 1927 drücken sollte. Ein Heer von Arbeitslosen, die aufgrund äußerst knapper Unterstützungssätze der sozialen Verelendung preisgegeben waren, säumte den Weg des wirtschaftlichen Niedergangs. Brüning lehnte alle Forderungen nach einer kreditfinanzierten staatlichen Belebung der Wirtschaft ab. Mehr noch – der Reichskanzler fuhr einen rigorosen Sparkurs. Brüning indes blieb von jeder Kritik unbeeindruckt. Er setzte die Krise im Rahmen seiner Reparationspolitik als Druckmittel ein, um die Gläubigerstaaten von der Zahlungsunfähigkeit Deutschlands zu überzeugen und sie zu einem Erlaß weiterer Lasten zu bewegen. Kurz vor dem Erreichen dieses Ziels, am 30. Mai 1932, wurde er von Reichspräsident von Hindenburg unter entwürdigenden Umständen entlassen. Nach Hitlers Machtergreifung floh Brüning ins Ausland und lebte in den USA. 1970 starb er im dortigen Bundesstaat Vermont. Seine letzte Ruhestätte fand er auf dem Zentralfriedhof in Münster.

Nachdem der für das Jahr 1914 in Münster geplante Deutsche Katholikentag wegen des Ausbruchs des Ersten Weltkriegs abgesagt werden mußte, dauerte es 16 Jahre, ehe diese Veranstaltung in der westfälischen Hauptstadt stattfinden konnte. Über 100.000 Tagungsteilnehmer strömten 1930 nach Münster und ließen diesen Katholikentag zu einem der herausragendsten der vergangenen Jahrzehnte werden.

Der 1879 im westfälischen Werl geborene Franz von Papen spielte in der deutschen Innenpolitik der Jahre 1930 bis 1933 eine denkbar schlechte Rolle, gilt er doch zu Recht als der eigentliche Steigbügelhalter Hitlers. Papen, Berufsoffizier, und von jener naßforschen, überheblichen Art wie viele seiner Standesgenossen und Offizierskameraden des Kaiserreichs, wandte sich nach dem verlorenen Ersten Weltkrieg der Politik zu. Er schloß sich der Zentrumspartei an, spielte hier aber keine größere Rolle. Im preußischen Landtag repräsentierte er zwar den rechten Flügel der Partei, gewann jedoch auf die Politik des Zentrums keinen Einfluß. Vollkommen überraschend berief Reichspräsident von Hindenburg den in der deutschen Öffentlichkeit unbekannten Papen zum Reichskanzler und damit zum Nachfolger Brünings. Der westfälische Adelige verfügte über gesellschaftlichen Einfluß und war auch mit der Familie Hindenburg befreundet. Der vermeintliche Retter in der verworrenen Lage erwies sich jedoch alsbald als glatte Fehlbesetzung. Schon mit seiner ersten Amtshandlung legte er den Grundstein zum Untergang Preußens, als er dessen Ministerpräsident Otto Braun kurzerhand aus dem Amt jagte. Obwohl Papen außenpolitisch die Früchte seines Vorgängers Brüning in der Frage der Beendigung der Reparationen einfuhr, konnte er sich nach den Reichstagswahlen vom Juli und November 1932 auf dem Sessel des Reichskanzlers nicht länger halten. Anfang 1933 führte Papen mit Hitler Geheimgespräche, die schließlich die Ernennung des ehemaligen österreichischen Staatsbürgers zum deutschen Reichskanzler zur Folge hatten. Papen, der eigentlich davon ausging, Hitlers politischen Einfluß schnell zurückdrehen zu können, gehörte dieser Regierung an, wurde jedoch nach kurzer Zeit selbst in den Hintergrund gedrängt. 1934 ging er als Botschafter nach Wien, später nach Ankara. 1945 wurde Papen vor dem Internationalen Militärgerichtshof in Nürnberg angeklagt. Sein Freispruch stieß im In- wie im Ausland auf Empörung. Gerüchte wollten wissen, daß sich der Vatikan für Papen eingesetzt hatte. Trotzdem wurde der ehemalige Reichskanzler von einer Spruchkammer in die Gruppe der Belasteten eingeordnet und zu einer achtjährigen Haftstrafe verurteilt. Diese galt jedoch durch die Gefängniszeit in Nürnberg als verbüßt. Papen, der nach dem Krieg mit verschiedenen Rechtfertigungsschriften auf sich aufmerksam machte, die freilich niemanden sonderlich interessierten, starb am 2. Mai 1969. Die Öffentlichkeit hat davon keine Notiz genommen. Das Photo zeigt Papen nach seiner Verhaftung durch US-Truppen im Garten seiner Jagdhütte am 10. April 1945.

Gegen Ende der Weimarer Republik wurden Politik und Gesellschaft von den linken und rechten Rändern des politischen Spektrums her zunehmend radikalisiert. Die Nationalsozialisten bedienten sich dabei ihrer »Sturmabteilungen« – kurz SA genannt –, pöbelnden halbmilitärischen Gruppen, die Parteiveranstaltungen politischer Gegner störten, kommunistische und sozialdemokratische Funktionäre verprügelten, Juden drangsalierten. Das Foto zeigt eine SA-Kolonne in Dortmund.

Zu Beginn des Jahres 1933 rückte das kleine Land Lippe ins Zentrum der deutschen Politik. Der Anlaß für dieses außergewöhnliche Interesse bildete der Ausgang der dortigen Landtagswahl vom 15. Januar: Nach einer selbst für die Verhältnisse der Nationalsozialisten exorbitanten Propagandaschlacht – das Foto mit Hitler und Gauleiter Meyer stammt von einer der Wahlkampfveranstaltungen – um die nicht einmal 100.000 Wahlberechtigten wurde ihre Partei mit 39,5 Prozent die stärkste Landtagsfraktion. Die Parteistrategen atmeten auf. Nach der Reichstagswahl vom November 1932, bei der die NSDAP gegenüber der vorangegangenen Wahl vom Juli zwei Millionen Stimmen verloren hatte, waren in demokratischen Zeitungen bereits hoffnungsvolle Nekrologe auf die »Bewegung« zu lesen gewesen. Der »Simplicissimus« reimte: »Eins nur läßt sich sicher sagen,/ und das freut uns ringsherum:/ Hitlern geht es an den Kragen,/ dieses ‚Führers' Zeit ist um!« Doch Totgesagte leben bekanntlich länger. Das lippische Wahlergebnis, so unspektakulär es mit einem Stimmenanteil von nicht mal 40 Prozent auch war, wurde von der Goebbels-Presse gnadenlos in ein »Volksurteil für Hitler« umgemünzt.

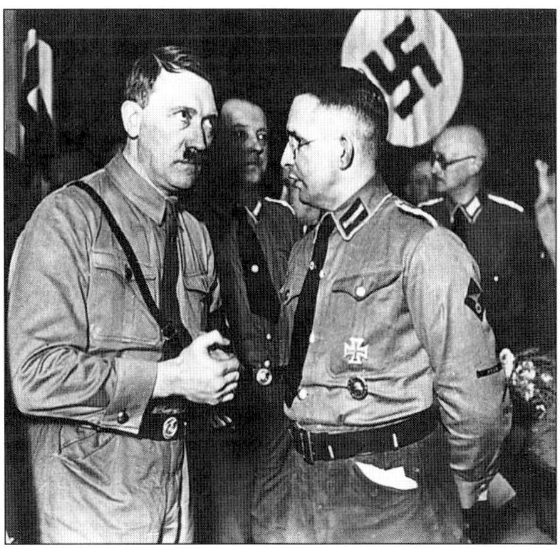

Hitler am Ziel: Bis zu den Reichstagswahlen von 1930 spielte die NSDAP im Ruhrgebiet nur eine Außenseiterrolle. Sie war zwar in vielen Orten mit ihren Organisationen vertreten, vermochte aber gegen die Übermacht von SPD und KPD, in ländlichen Gemeinden auch gegenüber dem Zentrum, nur wenig auszurichten. Bei der Reichstagswahl von 1928 stimmten im Regierungsbezirk Arnsberg gerade einmal 1,6 Prozent der Wähler für die Hitler-Partei. Ihren Durchbruch erlebten deren Anhänger in diesem Bezirk bei der folgenden Reichstagswahl 1930 mit 13,9 Prozent. Bedingt durch die Notlage während der Weltwirtschaftskrise, die gerade im Ruhrgebiet Massenarbeitslosigkeit zur Folge hatte, wuchs der Anteil der NSDAP stetig an. Bei den Reichstagswahlen vom Juli 1933 erreichte sie, wiederum im Arnsberger Regierungsbezirk, gar 33,8 Prozent der Wählerstimmen. Dagegen hielten sich die Erfolge Hitlers bei der überwiegend katholischen Bevölkerung des Münsterlandes, die fest auf das Zentrum eingeschworen war, in Grenzen. Lediglich bei der Wahl im März 1933 verbuchte die NSDAP hier mit 28,7 Prozent der Stimmen einen Erfolg. Zuvor war sie nie über 19 Prozent hinausgekommen.

In den Städten und Kommunen brachten die Nationalsozialisten ihren uneingeschränkten Machtanspruch mit der Anbringung der Hakenkreuzfahne an den Rathäusern zum Ausdruck. Am 8. März 1933 widerfuhr auch Dortmund dieses Schicksal. Vor etwa 5.000 Menschen drohte der zuständige NSDAP-Kreisleiter: »Wir wissen, daß wir in Dortmund die schwarz-rote Koalition zum Teufel jagen. Und wenn uns die Dortmunder Bevölkerung auch nicht die ganze Vollmacht geben sollte, so werden wir dieser Koalition doch ein Ende machen«. Wenngleich die Stadtverwaltung bereits gleichgeschaltet war, erwartete die Nazis hier wie in anderen Ruhrgebietsstädten ein zunächst noch vergleichsweise entschlossener und von breiteren Arbeiterschichten getragener Widerstand. Kommunistische und sozialdemokratische Arbeiter organisierten Gegendemonstrationen; die KPD rief zum Generalstreik auf. Gleichwohl wurde auch hier wenig gegen die Fahnenhissung unternommen, nicht zuletzt deshalb, weil Hermann Göring die Ober- und Regierungspräsidenten zwei Tage zuvor, am 6. März 1933, zur Duldung des symbolträchtigen Aktes angehalten hatte. Wagte ein Bürgermeister dennoch zu protestieren, wurde ein Verfahren wegen angeblicher Verfehlungen im Amte gegen ihn angestrengt, das gewöhnlich mit seiner Absetzung endete.

Am 12. März 1933 wurden in Preußen anläßlich der Kommunalwahlen auch die Provinziallandtage neu gewählt. Zusammen mit den 10 Sitzen der Kampffront Schwarz-Weiß-Rot reichten die 50 Mandate der NSDAP nicht zur absoluten Mehrheit in Westfalen. Diese erlangte sie erst nach Ausschaltung der kommunistischen Abgeordneten. Am 10. April kam der Provinziallandtag zu seiner zweiten und letzten Sitzung zusammen und vertagte sich danach auf unbestimmte Zeit. Da ihm ohnehin im Zuge der Ausschaltung der freien Parlamente keine Machtbefugnisse zukamen, war auch die politische Bedeutung des Provinziallandtags hinfällig geworden. Am Rednerpult erkennt man Gauleiter Meyer.

Im September 1933 gründete die nationalsozialistische »Volkswohlfahrt« das »Winterhilfswerk des deutschen Volkes«. Was sich dahinter verbarg, war nichts anderes als eine staatlich verordnete Bettelaktion, die zunächst unter dem Signum der Unterstützung von Arbeitslosen und Hilfsbedürftigen auftrat, in den Kriegsjahren dann aber offen die Versorgung der Frontsoldaten auf ihre Fahnen schrieb. Mitglieder der Hitlerjugend gingen von Haus zu Haus, um Geld, Kleidung, Lebensmittel, Roh- und Brennstoffe einzusammeln, wobei die Repression gegen diejenigen, die gar nichts oder wenig gaben, immer weiter zunahm. Die Bevölkerung geriet in einen regelrechten Sammlungsstreß. In einem geheimen Gestapo-Bericht zur Stimmungslage im Regierungsbezirk Münster im Juni 1935 ist von einer »drückende(n) Belastung« die Rede: »Die Sammeltätigkeit hatte Formen angenommen, wie sie bisher noch nicht zu verzeichnen waren. Allein im Berichtsmonat fanden 8 verschiedene Sammlungen statt: Sammlung für die HJ, für die Luftfahrt, Plakettenverkauf zum Marinetag, Verkauf von Plaketten zum Reichshandwerkertag, Straßen- und Haussammlung für die Jugendherbergen, Verkauf von Kirschblüten für die Jugendherbergen, Straßen- und Haussammlungen für Mutter und Kind und für das Rote Kreuz«. Das Foto läßt uns einen Blick in ein NSV-Kleiderlager am münsterischen Hafen werfen.

Münster am 1. Mai 1933. Die Nationalsozialisten hatten das Datum zum Feiertag erklärt und erfüllten damit eine lang erhobene Forderung der Arbeiterbewegung. Die Maßnahme war als »Zuckerbrot« gedacht, um in der Arbeiterschaft um mehr Sympathie zu werben. Die »Peitsche« folgte am nächsten Tag, dem 2. Mai 1933, mit der Gleichschaltung der Gewerkschaften. Es war diese Mischung aus »Verführung und Gewalt« (so der Historiker Hans-Ulrich Thamer), die die Technik der nationalsozialistischen Herrschaftssicherung charakterisierte.

Blick auf das Soester Erntedankfest im Jahre 1933. Die agrarpolitischen Maßnahmen des neuen Regimes brachten den Bauern Vor- und Nachteile. Zwischen 1928/29 und 1932 war der Wert der landwirtschaftlichen Produkte reichsweit um mehr als ein Drittel zurückgegangen, so daß sich viele Betriebe in argen finanziellen Nöten befanden. Vor diesem Hintergrund ordnete Finanzminister Hugenberg einen Vollstreckungsschutz für überschuldete Höfe an, erhöhte die Einfuhrzölle für Agrarprodukte und bewirkte mittels einer restriktiven Angebotspolitik eine Steigerung der Agrarpreise um bis zu 50 Prozent. Die bäuerlichen Einkommen wuchsen daraufhin beträchtlich in die Höhe, allein 1933/34 um 17 Prozent. Auf der anderen Seite wurde die gesamte Branche durch die straffe Integration der Landwirte sowie der Händler und Verarbeiter landwirtschaftlicher Güter in den Reichsnährstand unter die unnachgiebige Kuratel der Nationalsozialisten gezwungen. Das im September 1933 erlassene Reichserbhofgesetz entzog dem einzelnen Bauern zudem praktisch die Verfügungsgewalt über seinen Hof und stellte damit die Uhr auf die Zeit vor der Bauernbefreiung zurück. In den folgenden Jahren wurde immer deutlicher, daß es den Nationalsozialisten weniger um das Wohlergehen der Bauern als um die Lenkung der landwirtschaftlichen Produktion zum Zweck der Kriegsvorbereitung ging. Unter diesem Aspekt erfolgte auch der Aufbau eines Festpreissystems, das den Landwirten als eine Maßnahme zur Sicherung ihrer Erträge verkauft wurde, in Wirklichkeit jedoch vor allem ihre versorgungspolitisch beherrschende Stellung regulieren sollte. Dabei hatten die westfälischen Bauern mit ihrem Schwergewicht auf den Gebieten der Vieh- und Milchwirtschaft das Nachsehen. Während auf der Reichsebene die Verkaufserlöse in der Landwirtschaft zwischen 1935/36 und 1939 um ein Viertel anstiegen, sanken die Erzeugerpreise auf westfälischen Höfen bei Fleisch, Milch und den Veredelungsprodukten wie etwa Butter deutlich.

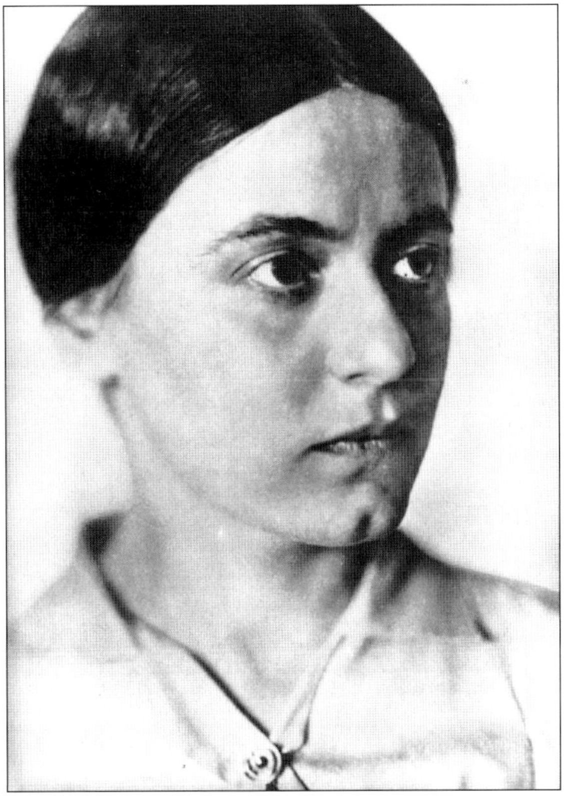

1932 wurde die Philosophin Edith Stein (1891–1942) an das münsterische Institut für wissenschaftliche Pädagogik berufen. Die in Breslau als Tochter einer Kaufmannsfamilie geborene Jüdin war zehn Jahre zuvor zum Katholizismus konvertiert und wurde maßgeblich von ihrem Lehrer Edmund Husserl geprägt. Schon 1933 fand aber ihr Wirken in Münster ein vorzeitiges Ende: die Nationalsozialisten enthoben sie ihrer Stellung. Edith Stein trat zunächst in den Kölner Karmel ein; 1938 floh sie unter dem Eindruck der wachsenden Pogromstimmung nach Holland. Nach einem gescheiterten Fluchtversuch in die Schweiz wurde Edith zusammen mit ihrer Schwester Rosa Stein 1942 verhaftet. Wenig später – vermutlich am 9. August des Jahres – starb sie im Konzentrationslager Auschwitz. 45 Jahre danach sprach der Papst die Ordensfrau vor 75.000 Menschen in einer Eucharistiefeier im Köln-Müngersdorfer Stadion selig. Im Oktober 1998 erfolgte in Rom die Heiligsprechung.

Der Anstieg der NSDAP-Mitgliederzahlen führte im Januar 1931 zu einer Aufteilung des Mitte der 20er Jahre gegründeten NSDAP-Gaues Westfalen in einen südlichen und einen nördlichen Bereich. Westfalen-Süd umfaßte den Arnsberger Regierungsbezirk und unterstand Josef Wagner, einem aus Lothringen stammenden Lehrer. Der Gau Westfalen-Nord bestand aus den Regierungsbezirken Münster und Minden sowie den Ländern Lippe und Schaumburg-Lippe. Gauleiter war hier Dr. Alfred Meyer. Die Gauleitung befand sich zunächst in Buer, dann in Gelsenkirchen. Im Oktober 1932 zog sie nach Münster, wo sie dann innerorts noch einige Male ihren Standort wechselte. Ende 1936, noch vor der offiziellen Einweihung am 15. März 1937, bezog man dann das »Gauhaus« an der Bismarckallee, ein ganz im Geiste der nationalsozialistischen Kunstauffassung konzipierter Bau, der mit seiner exklusiven Lage am Aasee und einer betont repräsentativen Architektursprache den Machtanspruch der NSDAP wirkungsvoll unterstrich. Heute essen dort Studenten zu Mittag – die ehemalige Gauleitung wird von der münsterischen Universität als Mensa und Studentenheim genutzt.

Der Leiter des Gaues Westfalen-Süd, Josef Wagner, gehörte zu den mächtigsten Männern des nationalsozialistischen Systems. Von 1936 bis 1940 leitete er neben Westfalen-Süd den Gau Schlesien, wurde 1938 Reichskommissar für die Preisbildung und Oberpräsident der Provinz Schlesien und bekleidete seit 1940 den Rang eines Staatssekretärs. 1942 fand Wagners Karriere ein abruptes Ende. Infolge einer Intrige verlor er sämtliche Ämter. Auch sein Parteibuch mußte er abgeben. Sein weiterer Lebensweg ist unklar; Wagner soll 1945 in einem KZ umgebracht worden sein.

Zum Leiter des Gaues Westfalen-Nord wurde 1931 der promovierte Volkswirtschaftler Alfred Meyer (1891–1945) ernannt. Der gebürtige Göttinger war 1928 der NSDAP beigetreten und absolvierte eine rasche Parteikarriere. Zunächst Ortsgruppenleiter in Gelsenkirchen und Bezirksleiter von Emscher-Lippe, zog er 1930 in den Reichstag ein und avancierte mit der Gauleitung in eine Position, die ihm nach der Machtübernahme der Nationalsozialisten im Januar 1933 mehr Einfluß verschaffte als die Vertreter der staatlichen Behörden inklusive der Regierungspräsident zusammen inne hatten. Im »Dritten Reich« erklomm Meyer weitere Sprossen der Hierarchie: 1933 wurde er Präsident des Provinziallandtages und Reichsstatthalter von Lippe und Schaumburg-Lippe, 1936 Führer der lippischen Landesregierung, 1938 – nach der Absetzung Ferdinand von Lünincks – Oberpräsident von Westfalen, 1941 Staatssekretär im Reichsministerium für die besetzten Ostgebiete. In dieser Funktion nahm er am 20. Januar 1942 an der Wannseekonferenz teil, bei der keiner der Anwesenden Einwände gegen die von Heydrich angekündigte planmäßige Vernichtung der europäischen Juden erhob. Meyer wußte genau, welche Schuld er damit auf sich geladen hatte: 1945 beging er Selbstmord.

Im Juli 1934 wurde der aus Bevergern im Kreis Tecklenburg stammende Viktor Lutze neuer Leiter der Sturmabteilungen (SA). Sein Vorgänger Ernst Julius Röhm war auf Befehl Hitlers erschossen worden, angeblich zur Abwehr eines bevorstehenden Putsches. Einfluß auf den Gang der Politik besaß Lutze aber nicht.

Obwohl der katholische Widerstand gegen die Nationalsozialisten durchaus vielschichtig war, verdichtete er sich im Bewußtsein der Nachwelt vor allem in der Gestalt Clemens August Graf von Galens (1876–1946). Am 5. September 1933 zum Bischof von Münster ernannt *(siehe unteres Bild)*, machte der bis dahin kaum hervorgetretene, politisch eher rechtskonservativ-national gesinnte Kirchenmann aus seiner Gegnerschaft gegenüber den neuen Machthabern nie ein Hehl. Schon in seinem ersten Hirtenbrief vom 29. Januar 1934 wandte er sich gegen die »Anbetung der Rasse«. Im Juli des darauffolgenden Jahres protestierte er gegen einen Rednerauftritt des NS-Ideologen Alfred Rosenberg in Münster. Im Sommer 1941 kam es schließlich zur offenen Konfrontation. Als die Nationalsozialisten Klöster beschlagnahmten und gegen Ordensleute vorgingen, predigte der Bischof am 13. Juli, 20. Juli und 3. August gegen die allgemein herrschende Willkür und die in der Öffentlichkeit bis dahin nicht bekannten Euthanasieprogramme des Regimes. Am 28. Juli erstattete er gar im münsterischen Polizeipräsidium Strafanzeige wegen Mordes an den vorgeblich »unproduktiven Volksgenossen«. Die Predigten, auf Flugblättern tausendfach vervielfältigt, fanden ein enormes Echo, das bis zu den Soldaten an der Front und ins Ausland reichte. Die Machthaber sahen sich zur vorübergehenden Aussetzung der Euthanasie und Einstellung der Klosterschließungen gezwungen. Bischof von Galen ließen sie aus Angst vor einem weiteren Gesichtsverlust – zähneknirschend – ungeschoren.

Westfalen war keine Hochburg der NSDAP. Bei der Reichstagswahl vom 5. März 1933, als die Nationalsozialisten schon einen Monat am politischen Ruder saßen, wählten hier knapp 35 Prozent die Hitler-Partei – der Reichsdurchschnitt betrug 44 Prozent. Auch in den folgenden Jahren bildete das Land aus der Sicht der Machthaber schwieriges Terrain. Eine Ursache für die Resistenz machte man zu Recht in der starken Stellung der katholischen Kirche aus. Ein Höhepunkt der Auseinandersetzungen in der zweiten Hälfte der dreißiger Jahre war der »Oldenburger Schulkampf«, als die Nationalsozialisten die Kreuze aus den Klassenräumen entfernen wollten – was der münsterische Bischof von Galen zu verhindern wußte – und die konfessionellen Schulen aufhoben. Der Unmut der Bevölkerung war so groß, daß sich die Gauleitung mit Hilfe einer Propagandaaktion den Ritterschlag als Beschützer von Religion und Kirche erteilen wollte. Was lag da näher, als die Christenfurcht vor den Kommunisten zu nähren? Das Leitmotiv der Kampagne bildeten die Käfige der münsterischen Lambertikirche, in denen vierhundert Jahre zuvor die Leichen der zu Tode gefolterten Wiedertäufer ausgestellt worden waren und in denen sich jetzt wohl – so die Suggestion des Plakats – führende katholische Repräsentanten befinden würden, wenn die Nationalsozialisten mit ihrer Machtergreifung nicht den »Bolschewisten« zuvorgekommen wären. Natürlich war dies ein Gipfel der Scheinheiligkeit, denn schon damals hätten führende Nationalsozialisten den »Löwen von Münster«, Bischof Galen, am liebsten hinter Gittern gesehen.

Der Landwirtschaft kam im Rahmen der nationalsozialistischen Politik eine zentrale Bedeutung zu. Ideologisch hatte der Landwirtschaftsminister und Gründer des Reichsnährstandes, Richard Walther Darré, den Bauernstand schon vor der Machtergreifung zum Angelpunkt einer ‚rassischen Erneuerung des deutschen Volkes' erklärt. Wirtschaftlich verknüpfte man mit den Höfen die Erwartung der Nahrungsmittel-Selbstversorgung, ohne die der Autarkiegedanke ad acta hätte gelegt werden müssen. Die Folge war eine Glorifizierung des Bauernstandes, die beim Erntedankfest ihren alljährlichen Höhepunkt fand. Das Regime hatte den kirchlichen Feiertag schon kurz nach seinem Regierungsantritt zu einem Staatsfeiertag erklärt. Die zentrale Veranstaltung, von der auch die obligatorische Hitler-Rede landesweit übertragen wurde, fand auf dem Bückeberg bei Minden statt. 1937 – dem Jahr, in dem auch unser Foto aufgenommen wurde – bildeten nicht weniger als 1,2 Millionen Besucher die Kulisse, vor der die schwülstigen Selbstdarstellungen des Regimes inszeniert wurden.

»Hart wie Kruppstahl« sollte die deutsche Jugend nach den Vorstellungen Hitlers sein. Der groteske Vergleich ist entlarvend. In den jeder Menschlichkeit fern liegenden Vorstellungswelten des »Führers« war die Nachkommenschaft lediglich Waffe im Kampf um die globale Vormachtstellung. Ihre Durchschlagskraft mußte um so höher sein, je mehr sie die nationalsozialistischen Ideale von Disziplin und Kampf verinnerlichte. In diesem Sinne führte Gauleiter Meyer das Jungvolk vor, als im April 1937 der italienische Jugendführer Renato Ricci Münster besuchte: uniformiert und in militärischer Haltung.

Auf die damals 18jährige Johanne Kätker machte das einen tiefen Eindruck: »Die Menschenmenge, das war unglaublich. Ich war ungeheuer beeindruckt, und ich fragte mich damals: ,Wie ist das bloß möglich?'« Der jungen Lienener Bäuerin war – wie den meisten anderen Zuschauern auch – in dem Moment gar nicht bewußt, daß es sich um ein generalstabsmäßig geplantes Politikspektakel handelte, die unter der Regie Joseph Goebbels ablief und genau auf diese emotionale Überwältigung der Menschen spekulierte. Propagandaminister Joseph Goebbels, Adolf Hitler und Landwirtschaftsminister Richard Walther Darré am »Tag des deutschen Bauern« 1937 auf dem Bückeberg.

In Dortmund warf die »Reichskristallnacht« schon vor dem November 1938 ihre dunklen Schatten voraus. Im Oktober wurde die im Bild rechts erscheinende, 1910 erbaute Synagoge abgerissen, angeblich aus verkehrstechnischen Gründen und weil dort staatsfeindliche Schriften gefunden worden waren.

⇐ Auch in der westfälischen Geschichte stellt der Judenpogrom vom 9. November 1938, die sogenannte »Reichskristallnacht«, eines der dunkelsten Kapitel dar. Das Attentat des 17jährigen Herschel Grünspan auf den deutschen Gesandschaftsrat Ernst vom Rath am 7. November jenes Jahres in Paris benutzten die Nationalsozialisten als Vorwand, um mit größter Brutalität gegen die Juden vorzugehen. Ihre Geschäfte, Wohnungen und Gemeindehäuser wurden zerstört und geplündert, Synagogen in Brand gesetzt, sie selbst beschimpft, verhöhnt und verprügelt. Zahlreiche Juden wurden ermordet. Entgegen den Darstellungen der Parteioberen waren die Aktionen kaltblütig geplant und befohlen; Polizei und Feuerwehr waren zuvor aufgefordert worden, nicht einzuschreiten. Ein nennenswerter Widerstand der deutschen Bevölkerung gegen die ungeheuerlichen Vorkommnisse regte sich nicht. Viele Juden ergriffen nun die letzte ihnen zu diesem Zeitpunkt noch verbliebene Chance und verließen das Land. Zwischen 1933 und 1939 sank ihre Zahl in Westfalen von 18.819 auf 7.384. 1941 wurde das Auswanderungsverbot verhängt. Auf dem Foto sieht man die ausgebrannte Borghorster Synagoge.

Münsters Universität kann auf eine Reihe berühmter und verdienstvoller Gelehrter zurückblikken. Der Pathologe Professor Dr. Gerhard Domagk (1895–1964) gehört sicherlich dazu. 1934, noch vor seiner Professorenzeit in der Westfalenmetropole, entdeckte er im Rahmen seiner damaligen Tätigkeit für die Bayerwerke die antibakterielle Wirkung des Sulfonamids Prontosil, das der Chemotherapie neue Möglichkeiten eröffnete. Für diese Leistung wurde ihm am 10. Dezember 1939 der Nobelpreis für Medizin verliehen, den er freilich wegen der Repressionen der Nationalsozialisten erst 1947 entgegennehmen konnte. Desweiteren entwickelte Domagk hochwirksame Therapeutika gegen Kindbettfieber, Hirnhautentzündung und Tuberkulose.

Nach dem siegreich verlaufenen Frankreichfeldzug verstummte selbst mancher Kritiker des »Führers«. Viele hatten einen solchen Triumph nicht für möglich gehalten. Nur in Kreisen der Kirche zeige sich nach wie vor eine Zurückhaltung, hieß es wiederholt in Berichten der Geheimen Staatspolizei im Sommer 1940. Hitler befand sich auf dem Höhepunkt der Macht, und die meisten Deutschen waren nunmehr der Überzeugung, daß diesem Mann keine Fehler unterliefen – eine verhängnisvolle Ansicht. Jubel auf dem Prinzipalmarkt in Münster nach der Rückkehr siegreicher Einheiten.

Wenn sich der in Münster amtierende Gauleiter Dr. Meyer bei Hitler durchgesetzt hätte, wäre der Friedensvertrag zwischen dem Deutschen Reich und den Nachbarn im Westen, allen voran Frankreich, 1940 in der Stadt des Westfälischen Friedens unterzeichnet worden. Gemäß nationalsozialistischer Geschichtsauffassung war durch den deutschen Sieg die Deutschland 1648 zugefügte Schmach getilgt worden. Hitler ging jedoch auf die Vorschläge Meyers nicht weiter ein. Immerhin finanzierte Berlin aber eine große Ausstellung, die zum 300. Jahrestag der Unterzeichnung des Friedens präsentiert werden sollte. Die Ausstellung war bereits 1940 fertiggestellt und in Münsters Stadthalle aufgebaut, wurde aber der Öffentlichkeit angesichts der Kriegsereignisse nicht mehr zugänglich gemacht: Das dort vermittelte negative Frankreichbild paßte nicht in das neue bündnispolitische Konzept, in dem das Nachbarland als Partner im Kampf gegen England vorgesehen war.

Kurz nach Mitternacht des 17. Mai 1943: 15 britische Lancaster setzen zu einem Angriff auf die Möhnetalsperre an. Erst die fünfte Bombe kann ihre ganze zerstörerische Wirkung entfalten. Sie sinkt direkt vor der 650 Meter langen Staumauer ins Wasser, wo sie in einer Tiefe von 9,70 Metern durch den Wasserdruck zur Explosion gebracht wird. Die drei Tonnen schwere Sprengladung reißt ein 75 Meter breites Loch in die Mauer, durch das sich ein riesiger Wasserschwall ergießt. Die bis zu 2,50 Meter hohe Flutwelle hinterläßt eine Spur der Verwüstung: fast 1.500 Tote, 101 total zerstörte Wohnhäuser, weitere 967 beschädigte Wohngebäude, 25 zerstörte Brücken, 40 qkm überflutetes Ackerland sowie hohe Viehverluste. Das Hauptziel des Angriffs, die Beeinträchtigung der Rüstungsproduktion im Ruhrgebiet, wird kaum erfüllt. Die dortige Energie- und Wasserversorgung ist schon bald wiederhergestellt und auch die direkt durch die Flutwelle beschädigten 125 Fabriken können ihre Fertigung größtenteils schon nach wenigen Tagen wiederaufnehmen. Eine bittere Ironie der Geschichte sei hier noch am Rande vermerkt: unter den Toten befinden sich auch 54 britische Kriegsgefangene.

Die Versorgung der Rüstungsfirmen mit Rohstoffen wie Kupfer, Zinn, Nickel, Bauxit und Kautschuk gehörte schon in den dreißiger Jahren zu den Fragen, die bei den Wirtschaftsplanern beständiger Anlaß zu Sorgenfalten waren. Zu Kriegsbeginn reichten die in den Betrieben vorhandenen Vorräte nach den Ermittlungen des Wehrwirtschaftsstabes in der Regel für eine Kriegsdauer von neun bis zwölf Monaten aus – ein Ergebnis, das nur diejenigen zu beruhigen vermochte, die an den Erfolg der Blitzkriegstrategie glaubten. Mit zunehmender Kriegsdauer rückte die Materialfrage dann auch wieder auf die Agenda der Erörterungen. Die zuständigen Stellen suchten allenthalben nach Wegen, den Rüstungsunternehmen zusätzliche Mengen zuweisen zu können. Eine der zahlreichen Maßnahmen zur Rohstoffbeschaffung bestand in der Demontage der Kirchenglocken. Das Foto aus dem Jahre 1945 zeigt abgelieferte Glocken auf dem Gelände eines Lünener Betriebes.

Nach einem Bombenangriff auf Bochum. ⇒

Das Kiepenkerl-Denkmal in Münsters Altstadt nach einem Bombenangriff. Wenig später gab die Gauleitung Westfalen-Nord ein Propagandaplakat heraus, das dieses Foto zur Vorlage hatte und in seinem Untertitel das sprichwörtlich westfälische Beharrungsvermögen beschwor: »Trotzdem und dennoch – Wi staoht fast!«

Die evangelische Reinoldikirche in Dortmund nach der Zerstörung ihrer Gewölbe durch alliierte Bomben.

Bombenopfer vor dem Dortmunder Hauptbahnhof, 1944.

Minden nach einem Bombenangriff am 6. Dezember 1944. KZ-Häftlinge helfen bei Aufräumungsarbeiten. Das Foto ist eines der ersten, das den Einsatz dieser unterdrückten Menschen zeigt.

Britische und amerikanische Soldaten nach der Einnahme Münsters am 3. April 1945 aus dem Prinzipalmarkt.

Der mit seinem Namen verbundene Plan besaß nur wenige Monate Gültigkeit, hätte aber bei seiner Verwirklichung weitreichende Folgen für Deutschland und besonders das Ruhrgebiet gehabt. Unter dem Eindruck der Ermordung von Millionen von Juden in den Konzentrationslagern verfolgte der amerikanische Finanzminister und Freund Präsident Roosevelts, Henry Morgenthau, das Ziel, Deutschland in einen Agrarstaat ohne Industrie umzuwandeln. Roosevelt und auch Churchill unterzeichneten zwar im September 1944 diesen Plan, rückten aber bald wieder davon ab. Gleichwohl lieferte der Morgenthau-Plan für die nationalsozialistischen Durchhalteparolen der letzten Kriegsmonate eine höchst wirkungsvolle Munition. Nach der Eroberung Deutschlands spielten alle Erwägungen Morgenthaus – der übrigens deutsch-jüdischer Abstammung war – keine Rolle mehr. Abgesehen davon wären die Kosten für eine Umwandlung Deutschlands in einen Agrarstaat gar nicht zu bezahlen gewesen. Kuriosum am Rande: Als Morgenthau gegenüber Präsident Truman seinen Rücktritt androhte, falls er nicht Delegationsmitglied bei der Konferenz von Potsdam würde, nahm der Präsident das Angebot postwendend an.

Amerikanische, britische und kanadische Truppen hatten am 24. März 1945 den Rhein bei Wesel überquert. Die Einkesselung des Ruhrgebiets konnte beginnen. Vier Tage später besetzten amerikanische Truppen Hamborn. Staunend standen am 28. März 1945 Truppen der 9. US -Armee vor dem Eingang der Schachtanlage Friedrich Thyssen der Gelsenkirchener Bergwerks AG. Das Werk fiel den Amerikanern nahezu kampflos in die Hände, da der Volkssturm kaum Widerstand leistete. Nach 20 Minuten war der Kampf zu Ende.

Bei einem verheerenden Bombenangriff am 27. März 1945 wurden weite Teile der Paderborner Innenstadt und eine ganze Reihe historischer Gebäude vollkommen zerstört. Dom, Mark- und Abdinghofkirche, Franziskaner- und Herz-Jesu-Kirche brannten vollständig aus. Weit mehr als 60 Prozent der Häuser der Stadt waren zerstört. Die meisten Bewohner – bis auf etwa sechstausend – hatten die brennende Stadt verlassen. Im Bild das zerstörte Rathaus, im Hintergrund die ausgebrannte Abdinghofkirche.

28. März 1945: Das letzte Aufgebot in Bocholt. Im September 1944 wurden alle Männer von 16 bis 60 als sogenannter »Volkssturm« unter den Befehl der Wehrmacht gestellt. Ihre Aufgabe: die Erringung des »Endsiegs«. Ihre Ausrüstung: Uniformen aus Altkleidersammlungen (wenn überhaupt), veraltete Waffen aus Beutebeständen mit 5 bis 10 Schuß Munition pro Mann. Am günstigsten gestaltete sich die Bewaffnung mit Panzerfausten, was Goebbels prompt zum Anlaß nahm, die traurige Truppe als spezielle Panzerjägerkommandos herauszustellen. Der sinnlosen Opferung von Kindern im Kampf gegen die erdrückende Übermacht setzte später Bernhard Wicki in dem Film »Die Brücke« ein ergreifendes Denkmal.

Hitlers Propaganda-Paladinen galt sie als letzter Trumpf: die V2. In einem Wald bei Nienborg/Heek nahe der holländischen Grenze befand sich eine Abschußrampe für die deutsche »Wunderwaffe«. Als angesichts des alliierten Vormarsches selbst den gläubigsten Parteivertretern klar wurde, daß der Traum vom »Endsieg« zu Ende geträumt war, wurden die Raketen gesprengt.

Rechts oben: Befreiung oder Kapitulation? Sieht man die lachenden Gesichter der gefangenen deutschen Soldaten auf diesem Foto, neigt man zu ersterem. Der von den alliierten Truppen gebildete Ruhrkessel, die größte Umzingelungsaktion der Militärgeschichte, schloß im Frühjahr 1945 21 deutsche Divisionen mit 325.000 Soldaten ein, für die der Krieg damit beendet war.

Für viele deutsche Soldaten war der Krieg schon vor der Kapitulation am 8. Mai 1945 zu Ende. ⇒ Vom 6. Juni 1944, dem D-Day, dem Tag der Invasion, bis zum 27. April 1945 gingen allein an der Westfront über 2,6 Millionen Soldaten in Kriegsgefangenschaft. Auf eine derart große Anzahl waren die Alliierten aber nicht vorbereitet. In aller Eile wurden primitive Lager errichtet, in denen die Gefangenen in einfachen Zelten, zumeist ohne Schlafgelegenheit, untergebracht wurden. Entlang des Rheins gab es eine Reihe solcher Lager, in denen oft viele Zehntausende unter menschenunwürdigen Bedingungen dahinvegetierten. Viele starben dabei an Unterernährung oder an Krankheiten. Dennoch – oder gerade deshalb – gaben die Amerikaner dem Drängen des Internationalen Roten Kreuzes nicht nach, die Lager zu visitieren – ein dunkles Kapitel am Ende des Krieges. Das Bild zeigt deutsche Soldaten in britischer Kriegsgefangenschaft in der Nähe von Münster.

Fünf Minuten vor »Null«: Die Alliierten gingen bei ihrem Vormarsch in »Transsylvanien« – wie sie Hitler-Deutschland in beziehungsreicher Anspielung auf das Reich des Grafen Draculas nannten – kein Risiko ein. Trafen sie in den Ortschaften auf Widerstand, brachen sie ihn mit Artilleriefeuer und Bombardierungen aus der Luft. Das Schicksal der Städte hing am seidenen Faden: Ahlen zum Beispiel hatte Glück, weil sich der Oberfeldarzt Dr. Rosenbaum mutig den Verteidigungsplänen des NSDAP-Kreisleiters entgegenstellte und die Wersestadt dem amerikanischen Colonel Hinds kampflos übergab. Es konnte aber auch kommen wie in Bocholt, das von fanatischen Unbelehrbaren gegen den Willen der Einwohnerschaft zur »Festung« erklärt wurde. Stunden später säumten Trümmer und Brände die Straßen – 90 Prozent der Wohnungen waren zerstört.

Der Oberbefehlshaber und britische Feldmarschall Bernard Law Montgomery (1887–1976) im Gespräch mit befreiten französischen Kriegsgefangenen.

Hitler am Spieß – Begegnung eines englischen Soldaten mit dem Bild des »Führers«.

Bottrop, 30. März 1945: Infanteristen der 9. US-Armee machen Rast auf ihrem Vormarsch ins östliche Westfalen.

Als alliierte Einheiten am 3. April 1945 Münster einnahmen, stand auf dem Prinzipalmarkt so gut wie kein Gebäude mehr, von dem man weiße Bettücher hätte herabhängen können. Und es war nicht nur die geschichtsträchtige »gute Stube« der Westfalenmetropole, die damals kaum noch wiederzuerkennen war. Der britische Sergeant Brian Dougherty faßte Ende April 1945, nachdem die Briten das Kommando in der Stadt übernommen hatten, seinen Eindruck in militärisch-dürren Worten so zusammen: »Nach 102 Luftangriffen ist die Stadt zu mehr als 70 Prozent ein Trümmerfeld. Von den im Jahre 1939 registrierten 33.800 Wohnungen blieben nur 1.050 übrig. Erste Zählungen haben ergeben, daß weniger als 20.000 Menschen in Münster leben – der Rest von einst 133.000. Geschätzte Trümmermenge: zweieinhalb Millionen Kubikmeter«. Anderswo sah es nicht besser aus. Rund ein Drittel des westfälischen Wohnungsbestandes war zerstört. In den Großstädten erreichte diese Quote durchschnittlich sogar die 50-Prozent-Marke. Von den kleineren Städten hatte es Bocholt, Coesfeld und Dülmen besonders schlimm getroffen. In Dülmen sahen die Amerikaner keine andere Möglichkeit, als mit einem Räumpanzer eine schnurgerade Schneise durch die Stadt zu schaufeln, um sie überhaupt erst für Fahrzeuge passierbar zu machen. Wäre jemand auf die Idee gekommen, die auf dem Gebiet des heutigen Landes Nordrhein-Westfalen entstandene Trümmermenge in einem Fußballstadion zu einem Berg aufzutürmen, hätte dieser eine Höhe von 11 Kilometern erreicht.

Amerikanische Truppen am 10. April 1945 bei der Bewachung von gefangenen Mitgliedern des Volkssturms in der Nähe von Essen.

Generalfeldmarschall Wilhelm Keitel bei der Unterzeichnung der Kapitulationsurkunde im sowjetischen Hauptquartier Berlin-Karlshorst am 9. Mai 1945.

Seit 1945

Auf Dortmund wurden während des Zweiten Weltkriegs 137 Luftangriffe geflogen; Schätzungen gingen davon aus, daß dabei 25.000 Spreng- und 500.000 Brandbomben niedergingen. Die Bilanz war verheerend: In den meisten Ruhrstädten blieben gerade vier Prozent der Häuser unbeschädigt. Die Kinder waren im Verlauf des Krieges evakuiert worden. Als sie zurückkehrten, erkannten sie ihre Stadt nicht mehr wieder.

Entlassung deutscher Kriegsgefangener in einem Lager bei Münster-Nienberge im Sommer 1945.

Auch der Dom zu Münster erlitt starke Zerstörungen. Die Arbeiter der Dombauhütte waren bis 1956 mit seiner Wiederherstellung beschäftigt.

Von dem bedeutenden fürstbischöflichen Residenzschloß Münsters blieb nach dem Krieg nur ein Mauerkranz übrig. Die wertvolle Innenausstattung, nach dem Tod des Architekten Johann Conrad Schlaun von dessen Nachfolger Wilhelm Ferdinand Lipper bis 1787 vollendet, wurde ein Raub der Flammen. Heute ist das wiedererrichtete Gebäude Sitz der Universitätsverwaltung.

Vom Wiederaufbau konnte noch nicht die Rede sein. Ansicht einer namentlich nicht genannten Zeche im November 1945.

Eine Trümmerbahn in Paderborn. In der ostwestfälischen Stadt hatten nach Luftangriffen furchtbare Flächenbrände gewütet.

1945 befanden sich schätzungsweise sieben bis acht Millionen Kriegsgefangene und Fremdarbeiter in Deutschland – Menschen, die aus den von Wehrmachtstruppen besetzten Ländern stammten und in Rüstungsfirmen zur Arbeit gezwungen worden waren. Die Alliierten nannten sie »displaced persons« und verliehen damit eher ihrer Ratlosigkeit darüber Ausdruck, was mit ihnen zu geschehen habe. So kam es zu der unglücklichen Situation, daß Gruppen von »DP's« nach ihrer Befreiung plündernd durchs Land zogen und sich mit dem versorgten, was ihnen jahrelang vorenthalten worden war. Besonders die ländliche Bevölkerung hatte unter ihnen zu leiden. In manchen Gegenden wagte man sich nach Einbruch der Dunkelheit aus Angst vor Raubüberfällen, Vergewaltigung und Mord nicht mehr aus dem Haus. Die Fotos zeigen Plünderer in der Innenstadt von Rheine und russische Fremdarbeiter in Bocholt.

Nach dem Einmarsch der Roten Armee in Ostpreußen, Pommern und Schlesien verließen große Teile der deutschen Bevölkerung ihre Heimat. Unter dramatischen Umständen gelangten sie nach Mitteldeutschland oder später in die drei westlichen Zonen.

Wittener!

Auf Befehl der britischen Militärregierung hat die Bevölkerung in Westfalen bis zum 27. Oktober 1945 Textilwaren abzugeben. Diese Waren sind zum großen Teil für die deutschen Flüchtlinge aus den Ostgebieten bestimmt.

Die Stadt Witten hat durch freiwillige Abgabe oder durch Zwangsbeitreibung aufzubringen:

6384 Decken
1045 Bettücher
393 Kopfkissen
783 Kopfkissenbezüge
2356 Handtücher

Männerkleidung

374 Überzieher
551 Jacken
522 Pullover
855 Hosen
1102 Hemden
830 Unterjacken
817 lange u. kurze Unterhosen
2255 Paar Socken
792 Paar Schuhe
7220 Skimützen

Säuglingskleidung

10 Garnituren

Frauenkleidung

171 Mäntel
275 Kleider, Blusen und Röcke
251 Pullover
171 Unterröcke
161 Unterjacken
190 Beinkleider
522 Paar Strümpfe
204 Paar Schuhe
451 Strumpfhaltergürtel

Kinderkleidung

176 Mäntel
86 Jacken
114 Pullover
86 Hosen - Kniehosen
86 Kleider
347 Unterjacken
347 lange Unterhosen bezw. Schlüpfer
347 Paar Strümpfe - Socken
181 Paar Schuhe

Ich rufe noch einmal zur freiwilligen Abgabe auf. Die Abgabe der Sachen erfolgt wie das letzte Mal bei den zuständigen Polizeirevieren von 9-16 Uhr in den Tagen vom 18.-23. 10. 1945. Wittener, denkt an die unglücklichen Deutschen, für die gesammelt wird!

Sollte die ZWANGSBEITREIBUNG notwendig sein, so sind die dann zu erfassenden Bevölkerungskreise durch eine Anordnung des Oberpräsidenten für Westfalen festgelegt.

Witten, den 17. Oktober 1945.

Der Oberbürgermeister:
JUNGE

Druck: Heinr. Kathagen, Witten-Annen

Mit Nachdruck kümmerte sich die Besatzungsmacht um die Versorgung der Flüchtlinge und Vertriebenen. In Aufrufen wurde die einheimische Bevölkerung zur Abgabe von Bettzeug und Kleidung aufgefordert.

Am 12. August 1945 veranstalteten die Briten in Münster eine größere Militärparade. Vor den Ruinen des Doms haben sich Einheiten zu einem Feldgottesdienst versammelt.

Der Neubeginn von 1945 war schwierig und zeitraubend: Schlangestehen vor einem Geschäft in der Langen Straße in Lünen.

Zwölf Jahre Mutterschaftskult waren genug! Als sich in den Ruhrstädten 120 Millionen Kubikmeter Schutt türmten, fackelten die Frauen nicht lange und packten beim Wiederaufbau mit an. Der Alliierte Kontrollrat reagierte am 10. Juli mit dem Gesetz Nr. 32 zur »Beschäftigung von Frauen bei Bau- und Wiederaufbau-Arbeiten«. Die »Trümmerfrauen« wurden zum Symbol der deutschen Nachkriegsgesellschaft. Kriegstote und Gefangenschaft hatten die Bevölkerungspyramide der Nachkriegszeit mächtig deformiert: 1946 überstieg die Zahl der Frauen die der Männer um mehr als sieben Millionen. Die Fotos zeigen Trümmerfrauen bei der Bereitstellung von Baumaterial in Münster *(oben)* und Dortmund *(unten)*.

Oberbefehlshaber der britischen Truppen in Deutschland von Mai 1945 bis November 1947 war Luftmarschall Sir Sholto Douglas. Der ehemalige Generalstabschef der Luftwaffe, der 1940 den Abwehrkampf gegen die deutschen Bomberstaffeln organisierte, ist hier (in der Mitte) bei der Besichtigung neu errichteter Siedlungshäuser einer Zeche zu sehen. Die Aufnahme stammt vom 16. Januar 1947.

Sir Sholto Douglas, Mitte, beim Besuch einer Familie, die seit drei Jahren in einer Kellerwohnung lebt. Foto vom 16. November 1946.

Erster, wenngleich nur ernannter Ministerpräsident des Landes Nordrhein-Westfalen war Rudolf Amelunxen. Der Jurist hatte von 1926 bis 1932 als Regierungspräsident von Münster gewirkt. Am 5. Juli 1945 ernannte ihn die britische Militärregierung zum Oberpräsidenten der Provinz Westfalen und bereits Ende Juli 1946 zum ersten Ministerpräsidenten des gerade gegründeten Landes Nordrhein-Westfalen. Damit waren auch Amelunxens Pläne eines eigenständigen westfälischen Bundeslandes hinfällig geworden, das unter Einbeziehung von Teilen der ehemaligen Provinz Hannover und Ostfrieslands hatte entstehen sollen und dessen Ministerpräsidentenamt er viel lieber angetreten hätte. Amelunxen trat nach 1945 der Zentrumspartei bei. Nachdem die CDU bei den ersten Landtagswahlen 1947 stärkste Partei geworden war, übernahm er im ersten Kabinett Arnold das Amt des Sozialministers. 1950 wechselte Amelunxen ins Justizministerium über. Diesen Posten behielt er auch, nachdem Arnold von Fritz Steinhoff im Amt des Ministerpräsidenten abgelöst worden war. 1958 zog sich Amelunxen aus der Politik zurück. 1888 in Köln geboren, starb er am 21. April 1969 in Düsseldorf.

1945 an der deutsch-niederländischen Grenze. Nach dem Zweiten Weltkrieg war das westfälisch-hollandische Verhältnis nachhaltig belastet. Die fünf Jahre währende deutsche Besatzung hatte den Niederländern eine nie dagewesene Not und Repression gebracht, deren psychologische Spätfolgen noch heute zu spüren sind.

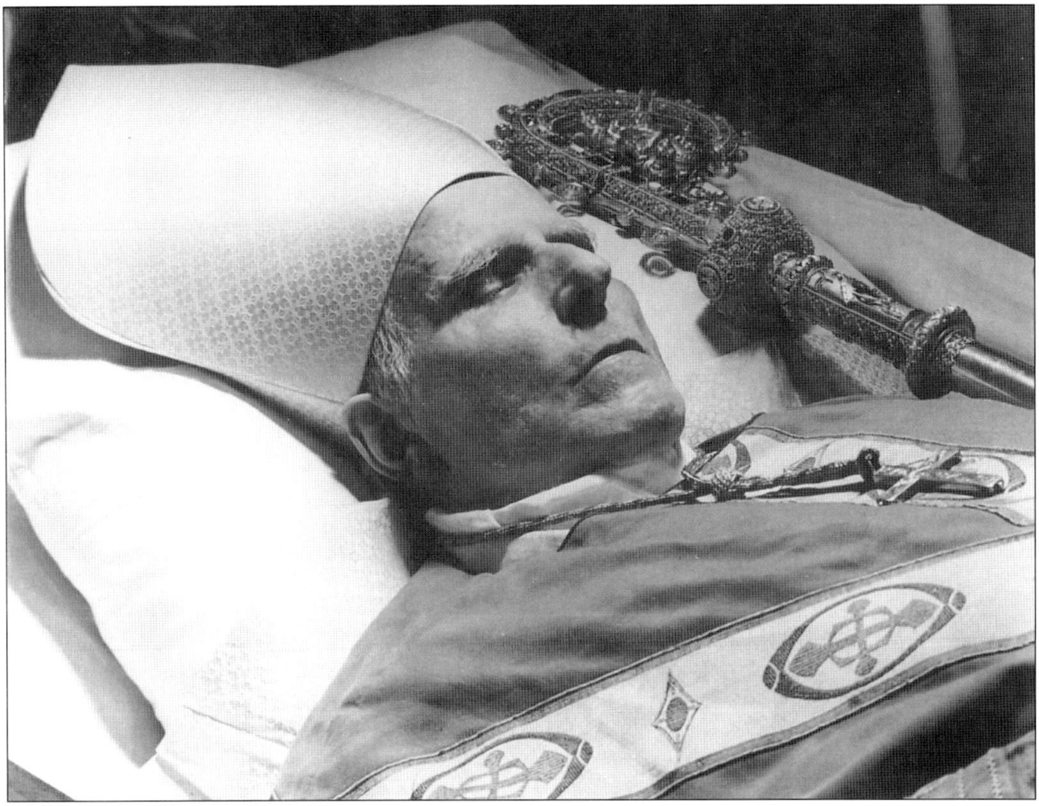

Der aufgebahrte Leichnam des Kardinal von Galen.

⇐ 1945 hatten die Besatzungsmächte nur noch vor wenigen Deutschen Achtung. Einer von ihnen war der Bischof von Münster, Clemens August Graf von Galen. Papst Pius XII. nahm den mutigen Mann, der übrigens auch zu Willkürmaßnahmen der Besatzungsmacht nicht schwieg, am 18. Februar 1946 in das Kardinalskollegium auf. Während seines Aufenthaltes in Italien besuchte der Kardinal auch die Lager deutscher Kriegsgefangener. Galens Rückkehr nach Münster gestaltete sich zu einem einzigen Triumphzug. Mehr als 50.000 Menschen waren auf den Beinen, um ihn zu begrüßen. Seine Ansprache an die Gläubigen vor dem zerstörten Dom sollte zugleich seine letzte sein. An den Folgen einer verschleppten Baucherkrankung starb er wenige Tage später vollkommen überraschend. Seine letzte Ruhestätte fand er im Dom zu Münster. Aus Anlaß seines Besuches in der Diözese Münster verweilte am 1. Mai 1987 Papst Johannes Paul II. an Galens Grab zu einem Gebet.

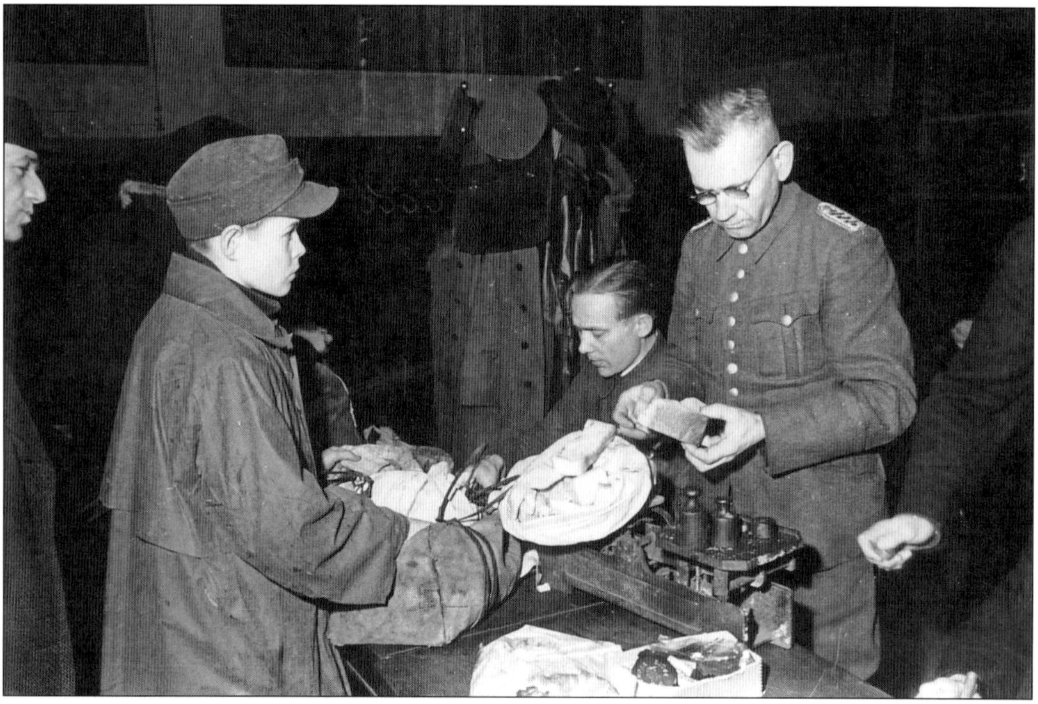

Schwerte 1946. Ein Polizist kontrolliert Hamsterware.

Bis zum April 1947 liefen viele Fäden in seiner Hand zusammen: John Burns Hynd war im August 1945 von Premierminister Attlee an die Spitze des Kontrollamtes für Deutschland und Österreich berufen worden und damit für zivile Fragen in den britischen Besatzungszonen beider Länder zuständig. Im September 1946 kam Hynd zu einem längeren Besuch nach Deutschland, um sich ein eigenes Bild von den Zuständen zu verschaffen. Als Hauptpunkte seiner Informationsreise nannte er das Ernährungsproblem, die Wohnungsfrage und die Wiederbelebung der deutschen Wirtschaft. Im April 1947 wurde er durch Lord Pakenham abgelöst. Die Aufnahme zeigt Hynd beim Betrachten eines Schaufensters.

Schon kurz nach seinem Amtsantritt am 5. Juli 1945 hatte der Oberpräsident der Provinz Westfalen Rudolf Amelunxen die Idee geäußert, der Provinzialregierung einen Provinzialrat als beratende Instanz zur Seite zu stellen. Es sollte allerdings noch eine Weile dauern, bis die Militärregierung diesen Gedanken aufgriff. Die britische Deutschlandpolitik befand sich um den Jahreswechsel 1945/46 in einem tiefgreifenden Klärungsprozeß, wobei die Einschätzung des sowjetischen Bündnispartners eine wesentliche Rolle spielte. Anfang 1946 begann die Militärregierung schließlich damit, in ihrer Besatzungszone stabilere politische Strukturen zuzulassen – freilich ohne dabei das Szepter aus der Hand zu geben. Am 7. Januar 1946 wurde die Genehmigung zum Aufbau einer Provinzialregierung mit neun Generalreferaten erteilt, wobei der Begriff »Provinzialregierung« recht hoch gegriffen war: Sie blieb auch jetzt kaum mehr als ein Verwaltungsapparat, der ganz im Sinne des »indirect rule«-Prinzips die Weisungen der Besatzungsmacht auszuführen hatte. Nun gab Cecil A. H. Chadwick, der Kommandant der Militärregierung Westfalens, auch grünes Licht für die Einberufung eines Provinzialrates. Am 30. April 1946 trat das Gremium im münsterischen Theater feierlich zu seiner Eröffnungssitzung zusammen – das Foto zeigt einige Teilnehmer. Seine einhundert Mitglieder waren nach Parteienproporz und Berufszugehörigkeit ausgewählt worden, fraglos eine handverlesene Schar, 35 von der SPD, 30 von der CDU, 20 von der KPD, 10 aus dem Zentrum und 5 von der FDP. Es sollte die einzige Sitzung bleiben. Nach der Bildung des Landes Nordrhein-Westfalen wurden die westfälische Provinzialregierung und ihr Rat aufgelöst.

Militärregierung — Deutschland
Britisches Kontrollgebiet

Bekanntmachung

Brieftauben

1. Hiermit wird das Halten von Brieftauben in der britischen Zone erlaubt. Der Brieftaubenhalter muß einem eingetragenen Brieftaubenverein angehören.
2. Die im Amtsblatt Nr. 5 der Militärregierung auf Seite 70 veröffentlichte Bekanntmachung „MG/Spec/1" wird hiermit wie folgt geändert: Absatz „g) Brieftauben" des Paragraphen 1 (betreffend die Ablieferung von Brieftauben) wird gestrichen.
3. Diese Bekanntmachung tritt am 1. Mai 1947 in Kraft.

Im Auftrage der Militärregierung

Mit der Berliner Erklärung vom 5. Juni 1945 übernahmen die Siegermächte USA, Großbritannien, die Sowjetunion und Frankreich die Regierungsgewalt in Deutschland. Westfalen wurde zum Bestandteil der britischen Besatzungszone, an deren Spitze der Kriegshaudegen Montgomery stand. Nachdem sich schon im Herbst 1945 der Bruch mit den sowjetischen Partnern abzuzeichnen begann, tendierte London jedoch mehr und mehr zu einer zwar reservierten, aber auch konstruktiven Zusammenarbeit mit dem ehemaligen Kriegsgegner. Die Zusammenlegung der britischen mit der amerikanischen Zone zur Bizone (am 1.1.1947) und das Scheitern der Moskauer Außenministerkonferenz im März 1947 ließen eine Einigung der »großen Vier« in immer weitere Ferne rücken. Die besatzungspolitischen Zügel lockerten sich, und es war nicht nur die deutsche Bevölkerung, die sich über diese Entwicklung freute – auch manches Haustier konnte sich nun wieder freier bewegen: So führte der Wandel der politischen Großwetterlage auch zu besseren Flugbedingungen für deutsche Brieftauben. Die Ursache ist schnell erzählt. Zwei Jahre lang mußten die Taubenzüchter die erstaunliche Erfahrung machen, daß ihr Hobby mit dem besatzungspolitischen Ziel der Demilitarisierung kollidierte. Britische Besatzungsoffiziere hatten sich daran erinnert, daß Botentauben seit dem deutsch-französischen Krieg 1870/71 in der Nachrichtenübermittlung des deutschen Militärs eine große Rolle spielten. Auch bei der Ruhrbesetzung 1923 hatten es die Franzosen für nötig gehalten, sämtliche Taubenschläge der Region unter ihre Kontrolle zu bringen – ein Beispiel dafür, wie sich große Politik auch im Kleinen widerspiegelt.

Eine ganz entscheidende Rolle bei der Gründung des Landes Nordrhein-Westfalen spielte der britische General und stellvertretende Militärgouverneur in der britischen Zone, Brian Robertson. Schon im Sommer 1945 hatte der Offizier der zeitweise recht unschlüssigen Regierung in London verdeutlicht, daß die Bildung mehrerer Länder in der britischen Zone von Vorteil wäre. Robertson vertrat diese Ansicht um so intensiver, je deutlicher die Wünsche von Franzosen und Russen nach einer Kontrolle der Ruhr wurden. Ein erster Schritt in Richtung Ländergründung war die Umwandlung der in der britischen Zone liegenden preußischen Provinzen oder Teilen davon in vier Länder, darunter auch Westfalen und das nördliche Rheinland (der südliche Teil der vormaligen Rheinprovinz gehörte zur französischen Zone). Dadurch sollte zum einen das föderative Prinzip gestärkt, zum anderen der Zugriff anderer Mächte auf das Ruhrgebiet unterbunden werden. Den Vorstellungen Robertsons schloß sich die Regierung in London an, und auch deutsche Politiker bekundeten Sympathie für solche Pläne. Ihr Kern war die Einbindung des Ruhrgebiets in ein rheinisch-westfälisches Land. In Westfalen sah man die Dinge etwas anders. Oberpräsident Amelunxen aus Münster wollte die Selbständigkeit Westfalens gewahrt wissen und plädierte für einen Anschluß des Regierungsbezirks Osnabrück und des Landes Oldenburg an Westfalen. Diese Vorschläge kamen aber ebensowenig zum Zuge wie diejenigen der SPD, Rheinland und Westfalen nicht zusammenzulegen. Die CDU und namentlich Konrad Adenauer standen den Plänen der Briten dagegen positiv gegenüber. Am 21. Juni 1946 stimmte Premierminister Attlee der Bildung des Landes Nordrhein-Westfalen zu. Am 23. August wurde mittels Verordnung 46 der Militärregierung das Land Nordrhein-Westfalen aus der Taufe gehoben. General Robertson ernannte man am 1. November 1947 zum Oberbefehlshaber und Chef der britischen Militärverwaltung. In dieser Eigenschaft war er zugleich auch britischer Vertreter im Alliierten Kontrollrat in Berlin. Der General verfuhr häufig nach der Devise, daß es wohl das Beste sei, die Deutschen mit dem Wiederaufbau selbst zu betrauen – eine Grundeinstellung, nach der er seit Juni 1949 auch als Hoher Kommissar seines Landes in der jungen Bundesrepublik verfuhr. Das Bild zeigt Robertson, rechts im Bild, zusammen mit dem Hohen Kommissar der USA, John McCloy, in der Mitte, und einem Berater Robertsons.

Am 20. April 1947 fanden die ersten Wahlen zum Landtag von Nordrhein-Westfalen statt. Die bisher in Düsseldorf versammelten Abgeordneten waren noch von der britischen Militärregierung nach einem festen Schlüssel ernannt worden. Stärkste Fraktion wurde die CDU mit 37,5 Prozent, gefolgt von der SPD mit 32 Prozent, der KPD mit 14 Prozent, dem Zentrum mit 9,5 Prozent und schließlich der FDP mit 6 Prozent. Mit 66,7 Prozent lag die Wahlbeteiligung um rund 10 Prozent unter der der Kommunalwahl am 13. Oktober 1946. Beobachter sprachen von einer weitverbreiteten Wahlmüdigkeit, zumeist hervorgerufen durch die deprimierende wirtschaftliche Lage. Konrad Adenauer, Vorsitzender der CDU in der britischen Besatzungszone, nannte für die Beteiligung seiner Partei an der Regierung in Nordrhein-Westfalen zwei Bedingungen. Zum einen müßten ausnahmslos Fragen der allgemeinen Versorgung der Bevölkerung, der entschiedenen Ankurbelung der Wirtschaft und der freieren Gestaltung des Exports im Vordergrund stehen, zum anderen gelte es, eine Zusage der Militärbehörden auf sofortige Lieferung von Lebensmitteln zu erwirken. Erster gewählter Ministerpräsident des jungen Bundeslandes wurde Karl Arnold von der CDU. Der am 21. März 1901 in Herlichshöfen bei Biberach geborene Politiker entstammte der christlichen Arbeiterbewegung. Während des »Dritten Reichs« war Arnold wiederholt verfolgt worden, zuletzt im Zusammenhang mit dem Attentat auf Hitler am 20. Juli 1944. Nach dem Krieg gehörte er zu den Mitbegründern der CDU im Rheinland und hatte maßgeblichen Anteil an der Wiedererrichtung der Gewerkschaften. Zunächst zum Oberbürgermeister von Düsseldorf gewählt, trat er im Dezember 1946 der Landesregierung als stellvertretender Ministerpräsident bei, ehe er im folgenden Jahr als Nachfolger Amelunxens selbst an die Spitze der Regierung trat. Arnold, Wortführer des Arbeitnehmerflügels in der CDU, verfügte in der Partei über erheblichen Einfluß und galt zeitweise als einer der wichtigsten Gegenspieler Adenauers. Der Kanzler war deshalb auch heilfroh, daß Arnold nicht am Bonner Kabinettstisch saß und in Düsseldorf recht erfolgreich agierte. Aus den Landtagswahlen 1947, 1950 und 1954 war die CDU stets als Siegerin hervorgegangen. Heute ist längst in Vergessenheit geraten, daß Nordrhein-Westfalen sowohl bei den Bundestags- als auch bei den Landtagswahlen eine Hochburg der CDU war. Bei einem konstruktiven Mißtrauensvotum am 20. Februar 1956 wurde Arnold gestürzt und durch den SPD-Kandidaten Fritz Steinhoff ersetzt. Mitten im Wahlkampf für den Landtag erlag Karl Arnold am 29. Juni 1958 einem Herzinfarkt. Als Spitzenkandidat der CDU trat nunmehr Franz Meyers an, der für seine Partei 53 Prozent der Stimmen errang. Die Aufnahme zeigt Karl Arnold vor einer Landkarte von Nordrhein-Westfalen am 27. Januar 1955. Zu dieser Zeit war abermals eine Diskussion über die Neugliederung des Bundesgebiets in Gang gekommen. Arnold hatte sich an diesem Tag ganz entschieden gegen solche Pläne gewandt, von denen auch das Land Nordrhein-Westfalen in hohem Maße betroffen worden wäre.

LAND
NORDRHEIN-WESTFALEN
1:250 000
-GEMEINDEKARTE-

Die Grundlage der alliierten Demontagepolitik bildeten Beschlüsse auf der Potsdamer Konferenz im August 1945. Deutschlands Industriepotential hatte demnach nur noch zur Sicherung der Grundbedürfnisse der Bevölkerung zu dienen. Alle übrigen Produktionsstätten, vor allem solche der Rüstungsindustrie, sollten demontiert oder zerstört, Stahl- und Werkzeugindustrie auf niedrigem Niveau gehalten werden. »Unsere Politik soll darin bestehen, die Giftzähne zu ziehen, aber einige Zähne stehen zu lassen.« Diese Worte des britischen Finanzministers Anderson aus dem Jahre 1944 brachten Londons Ziele hinsichtlich der deutschen Nachkriegswirtschaft auf den Punkt. Die Giftzähne: damit waren eben in erster Linie die Stahlwerke und die Rüstungsfirmen gemeint, deren Waffen nun schon zum zweiten Mal innerhalb von nur vier Jahrzehnten geholfen hatten, die Welt in Tod und Verderben zu stürzen. Nach dem Waffenstillstand wurden die Vorstellungen der Besatzungsmächte in Industriepläne und Demontagelisten gegossen, die die Maximalkapazitäten der einzelnen Branchen und die zum Abbau vorgesehenen Firmen und Anlagen bestimmten. Daß das Gebiet Nordrhein-Westfalens dabei nicht ungeschoren davonkam, war zu erwarten gewesen. Das Ruhrgebiet genoß bei den Alliierten den zweifelhaften Ruf der »deutschen Rüstungsschmiede« par excellence – nicht zu Unrecht. Dennoch schlug die erste Demontageliste im August 1946 in der deutschen Bevölkerung wie eine Bombe ein – im buchstäblichen Sinne, denn nicht wenige glaubten, darin eine Fortführung des Krieges mit anderen Mitteln zu erkennen. Mehr als 800 Firmen sollten allein in der Britischen Zone demontiert werden. Die an Heftigkeit zunehmenden Streitigkeiten der Westalliierten mit der Sowjetunion und die damit einhergehende schrittweise Neubewertung Deutschlands als Bündnispartner in spe führten dann aber zu einer besatzungspolitischen Kehrtwende. Nicht mehr industrieller Kahlschlag, sondern wirtschaftliche Erneuerung lautete nun das Leitmotiv, und es war vor allem der nach dem amerikanischen Außenminister benannte Marshallplan, der dies zum Ausdruck brachte. Anders, als mancher gedacht hatte, war die Demontage damit gleichwohl noch nicht vom Tisch: im August 1947 erschien ein abgeschwächter »Revidierter Industrieplan«, zwei Monate darauf eine entsprechende Demontageliste. Sie enthielt 294 nordrhein-westfälische Betriebe. Die Arbeiter, die dadurch ihren Arbeitsplatz verloren, verstanden die Welt nicht mehr. Wie hier in einem Stahlwerk, dessen 5-Meter-Walzblechstraße demontiert werden sollte, fragten sie wütend nach dem Sinn des Marshallplans: »Aufbau oder Abbruch?« Vor allem für die Engländer erwies sich die Demontage als ein zweischneidiges Schwert. Als wenig später die ersten Gelder des Marshallplans ins zerstörte Deutschland flossen, konnten die Unternehmer auf dem Weltmarkt die modernsten Maschinen kaufen, während die Demontageleistungen empfangenden Länder auf den alten Anlagen saßen.

Auf deutscher Seite suchte man die Demontagemaßnahmen durch Verfahrensfragen künstlich hinauszuzögern, wohlwissend, daß große Teile der maßgebenden amerikanischen Politiker vom Abbau der industriellen Kapazitäten ohnehin nicht viel hielten. Nachdem die Briten einsehen mußten, daß ihre Industriepolitik das zerstörte Deutschland noch weiter schwächte und das Land nur mit Hilfe massiver Geld- und Sachspenden auf die Beine kam, wurde die Demontage reduziert und schließlich ganz ausgesetzt. Neben dem Abbau deutscher Industrieanlagen spielte im zweiten Nachkriegsjahr die Entflechtungspolitik eine wichtige Rolle. Man wußte: Ohne Krupp, Thyssen und die anderen Stahlmagnaten und Kohlebarone hätte das »Dritte Reich« niemals einen solchen Aufstieg in den dreißiger und einen verbissenen Überlebenskampf in den vierziger Jahren bewältigen können. Nun sollten aus ehemaligen Großkonzernen wie beispielsweise den Vereinigten Stahlwerken kleine, selbständige Unternehmen entstehen, die nicht mehr über eine beherrschende wirtschaftsstrategische Macht verfügten. Bis zum Frühjahr 1948 entstanden auf diese Weise 25 neue Werke, darunter die Gußstahlwerke in Gelsenkirchen und Witten. Das Photo zeigt einen Major der britischen Militärregierung vor dem Eingang der Rheinischen Stahlwerke. Aus dem Anschlag geht die Übernahme des Konzerns durch die britischen Militärbehörden vor.

Heute wissen wir, daß die Demontage kaum zu nennenswerten Maschinen- und Anlageverlusten führte und die Startvoraussetzungen der deutschen Nachkriegswirtschaft nicht wesentlich beeinträchtigte. Damals brachte sie jedoch die Gemüter heftig in Wallung und stellte ein psychologisches Problem ersten Ranges dar. Kein Wunder: Jede demontierte Maschine bedeutete einen Abbau von Arbeitsplätzen, und die gab es eben auch damals nicht im Überfluß. 1949 – dem Jahr, aus dem das Foto stammt – herrschte in Westdeutschland eine Arbeitslosigkeit von über acht Prozent; 1950 stieg sie gar auf mehr als zehn Prozent. Rund 6.000 Arbeiter waren 1947/48 in Nordrhein-Westfalen mit Demontagearbeiten beschäftigt, größtenteils durch die Arbeitsämter rekrutiert. Darüber hinaus dienten sich sogenannte »Demontagefirmen« an, die sich auf diesen Bereich spezialisiert hatten und auf diese Weise von den wirtschaftlichen Restriktionen der Besatzungsmächte profitierten – kein »feiner Zug«, ohne Frage. Um das Verhältnis zwischen Demonteuren und Angehörigen der betroffenen Betriebe war es denn auch begreiflicherweise nicht zum besten bestellt. Für einen »Spiegel«-Artikel von 1949 wurde dazu ein Betriebsratsvorsitzender befragt: »Wir im Werk ignorieren sie vollständig ... Wenn sie uns was fragen, geben wir keine Antwort. Wasser kriegen sie auch nicht von uns. Sollen sie sich aus den Ruinen holen. Werkzeuge von uns? Kein Stück.« Kommentar der Demontagearbeiter: »Was können wir dazu, wenn wir demontieren müssen? Andere Arbeit kriegen wir nicht.« Das Foto macht deutlich, welches Schicksal die Arbeiter den Demonteuren im wahrsten Sinne des Wortes »an den Hals wünschten«. Das Schild am Hosenbein »Mein Name ist Müller« nimmt Bezug auf einen Vorfall, der kurz zuvor auch überregional für Schlagzeilen gesorgt hatte. Der Dortmunder Chef einer Demontage-Firma namens Müller – sein Spitzname lautete »Demontage-Müller« – war von aufgebrachten Arbeitern angegriffen worden und konnte gerade noch von britischen Besatzungssoldaten in Sicherheit gebracht werden.

⇐ Die wirtschaftlichen Restriktionen belasteten das Verhältnis zwischen der deutschen Bevölkerung und der britischen Besatzungsmacht erheblich. Szenen wie die auf dem Foto abgebildete, wo aufgebrachte Arbeiter ein Fahrzeug britischer Besatzer demolieren, blieben gleichwohl die Ausnahme.

Die Amtszeit des 1941 zum Erzbischof von Paderborn ernannten Lorenz Jaeger (1892–1975) stand im Zeichen der Verständigung der Konfessionen. Nach dem Kriege herrschte auch in Westfalen, wo das Verhältnis zwischen Katholiken und Protestanten in der Vergangenheit beileibe nicht frei von Spannungen gewesen war, die Erkenntnis vor, daß die ökumenischen Ansätze der 30er Jahre weiterverfolgt werden sollten. Erzbischof Jaeger gründete zusammen mit dem evangelischen Landesbischof von Oldenburg Wilhelm Stählin den Ökumenischen Arbeitskreis evangelischer und katholischer Theologen (Jaeger-Stählin-Kreis), der das interkonfessionelle Gespräch in Westdeutschland mitprägte. 1957 folgte in Paderborn die Bildung des Johann-Adam-Möhler-Instituts, dessen Präsident Jaeger wurde. Als Forschungszentrum zur Aufarbeitung der ökumenischen Frage wirkte es bei der Vorbereitung des Zweiten Vatikanischen Konzils mit, das die von der protestantischen Kirche ausgehenden Einigungsbemühungen bejahte und unterstützte. Lorenz Jaeger nutzte diesen Rückenwind und veranlaßte beim Papst die Einrichtung des Sekretariats für die Einheit der Christen. Als Anerkennung seiner Verdienste wurde der Paderborner Erzbischof 1965 ins Kardinalskollegium berufen.

1947 wurde Michael Keller (1896–1961) zum Bischof von Münster ernannt. Seine Amtszeit stand ganz im Zeichen des Bemühens, den Menschen Antworten auf die brennenden Gegenwartsfragen zu vermitteln und der allgemeinen Orientierungslosigkeit der damaligen Zeit entgegenzuwirken. Der Nationalsozialismus hatte nicht nur Tod und materielle Schäden hinterlassen, sondern auch ein geistiges und kulturelles Vakuum geschaffen, das zu füllen gerade die Kirchen als ihre Aufgabe ansahen. Eine bedeutende Gründung des Nachfolgers von Clemens August Graf von Galen war die des Franz-Hitze-Hauses 1952 in Münster, wo Seminare und Tagungen auch heute noch von einer regen Bildungsarbeit künden. Weitere auf Bischof Keller zurückgehende Einrichtungen sind die Landvolkshochschule in Freckenhorst, die Jugendbildungsstätte Burg Gemen und verschiedene kirchliche Schulen.

Monarchen sind in Demokratien bekanntlich nicht vorgesehen. Daß es gleichwohl noch Regenten geben kann, bewies der lippische Landespräsident Heinrich Drake (1881–1970). 1933 von den nationalsozialistischen Machthabern aus dem Amt gejagt, setzte ihn die britische Militärregierung am 17. April 1945 wieder an die Spitze des kleinen Landes, das später gelegentlich auch »Drakistan« genannt wurde. Mit gutem Grund: Obwohl die Briten und auch die eigene Bevölkerung einen Anschluß Lippes an Niedersachsen favorisierten, nahm Heinrich Drake neben den Gesprächen mit den Vertretern aus Hannover auch Verhandlungen mit dem ebenfalls interessierten Nordrhein-Westfalen auf. So befand sich der »Meister des politischen Kulissenspiels« (so der Historiker Karl Teppe) in der günstigen Lage, für Lippe das meiste herauszuholen. Am 5. Dezember 1946 präsentierte Drake seine Bedingungen für eine Länderhochzeit – gewissermaßen die Mitgift, die er von den »Freiern« forderte; zehn Tage später wurden sie vom nordrhein-westfälischen Kabinett akzeptiert. Die wichtigsten dieser »lippischen Punktationen« waren die Verlegung der Bezirksregierung von Minden nach Detmold und die Anerkennung des lippischen Staatsvermögens als Sondervermögen, das allein dem lippischen Gebiet zugute kommen sollte. Sich selbst vergaß Drake übrigens auch nicht. Am 1. April 1947 wurde er zum ersten Detmolder Regierungspräsidenten ernannt, der bisherige Mindener Amtsinhaber in den Ruhestand versetzt.

Im Winter 1946/47 und dem darauffolgenden extrem trockenen Sommer erreichte die Versorgungskrise im besetzten Deutschland ihren Höhepunkt. Die Ruhrgebietsbevölkerung mußte teilweise mit Tagesrationen auskommen, die unter 1.000 Kalorien lagen. Um die Not zumindest ein wenig zu lindern, schickte die private US-Organisation »Cooperative for American Remittances to Europe« CARE-Pakete – 25 Pfund schwere Kartons mit Bohnenkaffee, Mehl, Gewürzen, Trockenmilch und begehrten »Fettigkeiten«. Im Bergbau wurden die Lieferungen als Leistungsanreiz eingesetzt. Ihre Zuteilung an die Zechenbelegschaften setzte die Erreichung eines bestimmten Schachtfördersolls voraus. Auch die abgebildeten Dortmunder Kumpel hatten sich ihre CARE-Pakete durch harte Arbeit verdienen müssen.

1947 lebten 567.000 Flüchtlinge in Westfalen. Das waren zwar deutlich weniger als in Niedersachsen und Schleswig-Holstein, doch kam es besonders in Ostwestfalen sowie im Sieger- und im Sauerland zu lokalen Konzentrationen, die die mehr oder weniger verborgenen Feindseligkeiten zwischen den Neubürgern und Einheimischen schon mal zum offenen Ausbruch kommen ließen. Man mißtraute dieser Spezies des »homo barackensis«, die, so mancherlei Mutmaßungen, aufgrund der bisweilen chaotischen Lebensverhältnisse in den Flüchtlingslagern den Glauben an jegliche Werte verloren hätte. Das Wohnungsproblem stand bei der Flüchtlingsfrage an oberster Stelle. Ein Beispiel: In einem Bericht vom April 1949 wird eine Flüchtlingsunterkunft für acht Personen, in der Nähe Ahlens auf einem Bauernhof gelegen, folgendermaßen beschrieben: »Die Wohnung besteht aus 2 übereinanderliegenden Räumen, die man nur mit Einschränkung als Zimmer ansprechen kann, ohne Abstellraum und ohne Keller. Der untere Raum ist 3 x 5, der obere 3,5 x 5 m groß. In diesen Räumen wurden Frau K. und Tochter eingewiesen, als im unteren Raum, der Steinfußboden hatte, noch Kartoffeln aufbewahrt wurden, die erst im Frühjahr 1946 entfernt wurden. Dieser Raum wurde erst im Dezember 1947 gedielt. Der obere Raum ist über eine geländerlose Holzstiege mit Falltür zu erreichen. Er ist gegen den Strohspeicher nur durch eine Lattenverschalung abgegrenzt, die mit Papier überklebt ist und gegen Witterungseinflüsse keinen Schutz gewährt. Die Decke ist undicht, so daß vom darüberliegenden Kornboden der Staub auf Betten und Menschen hindurchrieselt. Die Räume sind allgemein feucht. Die Feuchtigkeit wurde durch Kochdämpfe, die nur ungenügende Abzugsmöglichkeiten haben, nicht verringert«. Kinder in einem Barackenlager in Stuckenbrock, etwa 1948.

⇐ Einkellerungskartoffeln: ein wertvoller Vorrat.

Wer ein wetterfestes Dach über dem Kopf hatte, konnte sich in der unmittelbaren Nachkriegszeit glücklich schätzen. Viele Millionen Menschen lebten in Ruinen, Baracken oder Gartenhäuschen. In den vom Bombenkrieg besonders heimgesuchten Städten wie Köln, Essen, Wuppertal, Düsseldorf, Dortmund oder Münster waren in manchen Stadtteilen über 90 Prozent der Wohnungen zerstört worden. Im Regierungsbezirk Arnsberg, der auch große Teile des Ruhrgebiets umfaßte, galten 50 Prozent aller Wohnungen als beschädigt oder unbrauchbar. Im Regierungsbezirk Münster lag diese Zahl bei 48 Prozent, in Minden bzw. Detmold bei 11 Prozent. Zum Vergleich: Im Regierungsbezirk Köln betrug die Verlustquote 72 Prozent. Von den mit Stand von 1939 3,35 Millionen Wohnungen im Bereich des späteren Landes Nordrhein-Westfalen waren 682.000 total zerstört, 460.000 stark beschädigt, 915.000 beschädigt. Mit der Schaffung neuen Wohnraums für die heimische Bevölkerung allein war es nicht getan. Millionen Vertriebene aus den deutschen Ostgebieten strömten ins Land. Viele fanden an Rhein und Ruhr sofort Arbeit. Von 1945/46 bis 1952 stieg die Bevölkerung in dem Bundesland von 11,7 auf 13,9 Millionen an. Die ersten Jahre nach dem Krieg waren von der Wohnungszwangsbewirtschaftung gekennzeichnet. NS-Verfolgte, Ausgebombte und Flüchtlinge erhielten, je nach Dringlichkeit, eine neue Unterkunft. Wie auch schon im Fall der Lebensmittelzuteilung blieb bei der Wohnungsvergabe vieles graue Theorie. Vor der Währungsreform konnte zudem mangels Kapital nicht von einem Wohnungsneubau großen Stils gesprochen werden. Der eigentliche Boom setzte erst zu Beginn der 50er Jahre ein. Kinder einer Flüchtlingsfamilie in Bochum 1947.

Nissenhütten im Ruhrgebiet, um 1948.

Selbst ist der Mann: Ausbau eines Gartenhäuschens, Bochum 1947.

Noch schlimmer als fehlenden Wohnraum oder das Unterkommen in Baracken oder Elendsquartieren empfanden die allermeisten Menschen in den ersten Nachkriegsjahren die Hungersnot. Da sich die drei Westzonen aus eigener Kraft nicht ernähren konnten und überdies schlechte Ernten die Erträge minderten, war die Bevölkerung auf Lebensmittelspenden aus Amerika, England, der Schweiz, Schweden und Irland angewiesen. Aber diese Hilfslieferungen konnten die große Not nur in bescheidenem Umfang lindern. Viele Aktionen sollten, dem Wunsch der Spender zufolge, notleidenden Kindern zugute kommen. Trotzdem gingen die Jahre 1945 bis 1948, die überdies durch lange und kalte Winter geprägt waren, als eine Ära der Hamsterfahrten in die Geschichte ein. Vor allem aus dichtbesiedelten Gebieten wie dem Ruhrgebiet machten sich die Menschen ins Münsterland oder an den Niederrhein auf den Weg, um Lebensmittel zu besorgen. Die Wochenschaubilder von den restlos überfüllten Zügen und den ausgemergelten Gesichtern der Menschen gingen damals um die Welt. Tauschhandel und Schwarzarbeit prägten das tägliche Leben, und der Kölner Erzbischof Kardinal Frings wollte auch nichts Verwerfliches darin erblikken, wenn sich Deutsche bei den alliierten Kohletransporten bedienten. Das Wort vom »fringsen« machte bald die Runde. Mit Hamstern und Kohlenklau war der Hungerkrise jedoch nicht beizukommen. Die Bevölkerung an Rhein und Ruhr wurde immer unzufriedener, zumal in der Öffentlichkeit heftige Vorwürfe wegen der angeblich ungerechten Verteilung der Rationen laut wurden. Im Februar 1947 brachen, begleitet von Streiks der Bergleute, in vielen Städten des Ruhrgebiets große Hungerdemonstrationen aus. Innerhalb von zwei Wochen beteiligten sich daran über zwei Millionen Menschen. Am 3. April kam es überdies zu einem Streik auf den 120 Zechen des Landes: 300.000 Kumpel fuhren nicht ein. Zu den Rufen nach besserer Verteilung der Lebensmittel gesellten sich nunmehr auch politische Forderungen wie etwa jene nach der Sozialisierung des Bergbaus. Die britische Militärregierung räumte zwar Mängel in der Lebensmittelversorgung ein, machte dafür aber Transportprobleme verantwortlich. Das Frühjahr brachte zwar eine geringfügige Verbesserung mit sich, doch die Probleme blieben weiter ungelöst. Auch zur Jahreswende 1947/48 war keine wesentliche Besserung der Lage in Sicht. Um die Versorgung besser koordinieren zu können, kamen auf Einladung von Ministerpräsident Arnold am 15. Januar 1948 die Ernährungsminister der Bizone zu einer Konferenz zusammen. In einem Achtpunkteprogramm verlangten sie konkrete Maßnahmen zur Verbesserung der Ernährungslage, größere Zuteilungen für Arbeiter sowie ganz allgemein eine Vorrangbehandlung für das Ruhrgebiet. Die Aufnahme zeigt die Tagungsteilnehmer im Düsseldorfer Stahlhof, von links Ernährungsminister Lübke (der spätere Bundespräsident), Ministerpräsident Arnold, Brigadegeneral Barraclough sowie der Ernährungsbeauftragte für die britische Zone, Hughes.

300 Delegierte der nordrhein-westfälischen Zentrumspartei trafen sich am 24. Januar 1948 zu einer Tagung in Recklinghausen. Der aus Münster stammende Landesvorsitzende Johannes Brockmann bezeichnete in seiner Rede das Zentrum als den unabhängigen Block in der Mitte. Die Partei, die seit 1871 in den katholischen Gebieten Preußens und des Deutschen Reichs eine bedeutende Stellung eingenommen hatte, stand seit 1945/46 im Schatten der neugegründeten CDU und konnte bei Kommunal- und Landtagswahlen nie mehr an frühere Erfolge anknüpfen. Dennoch war sie bis 1958 im Landtag von Nordrhein-Westfalen vertreten. Der Niedergang des Zentrums bis hin zur Bedeutungslosigkeit war aber nicht allein auf die katholisch-konfessionelle Ausrichtung der Partei zurückzuführen – ein Feld, das ja auch bereits von der CDU abgedeckt wurde. Die politischen Forderungen gingen vielfach an der Realität vorbei. Zudem hatte die Partei kaum zugkräftige Kandidaten vorzuweisen.

DEUTSCHE ZENTRUMS-PARTEI
PARTEI DER MITTE

Alfried Krupp von Bohlen und Halbach (1907–1967), in der Mitte, auf dem Weg zur Urteilsverkündung im Nürnberger Kriegsverbrecherprozeß. Fünf Jahre zuvor, 1943, hatte der Kruppsche Alleinerbe die Leitung des Essener Firmenimperiums übernommen. Das Nürnberger Urteil lautete auf zwölf Jahre Haft und Einzug des gesamten Vermögens – die Industriellenfamilie hatte zu Hitlers Steigbügelhaltern gehört und während des Krieges Tausende KZ-Häftlinge und ausländische Zwangsarbeiter beschäftigt. Trotzdem konnte Krupp schon bald wieder die Freiheit genießen. Im Zeichen des weltpolitischen Wandels und des beginnenden Koreakrieges wurde der Industrielle 1951 begnadigt und erhielt seinen Besitz zurück.

Im April 1948 blickte auch Fritz Thyssen (1873–1951) einer ungewissen Zukunft entgegen. Der Industrielle hatte nach dem Tod seines Vaters die damals schon weltbekannte Firma übernommen. Zunächst in der Öffentlichkeit kaum in Erscheinung tretend, unterstützte er in den beginnenden zwanziger Jahren rechtsradikale Vereine und Verbände und trat 1923 der NSDAP bei. Hitlers Partei hat er im Laufe seiner Mitgliedschaft mit etwa einer Million Reichsmark unterstützt. Als 1939 der Zweite Weltkrieg ausbrach, wandte sich Thyssen als einziger Reichstagsabgeordneter gegen weitere kriegerische Maßnahmen. Er floh daraufhin in die Schweiz und sorgte dort mit seinem Buch »Ich bezahlte Hitler« für großes Aufsehen. 1940 wurde Thyssen in Frankreich verhaftet und für kurze Zeit in die Irrenanstalt nach Berlin-Babelsberg gebracht. Bis Kriegsende verbrachte er mehrere Jahre Haft in einem Konzentrationslager, ehe ihn die Amerikaner befreiten. Wegen seines frühen Bruchs mit Hitler wurde von einer Anklage als Kriegsverbrecher abgesehen. In einem Spruchkammerverfahren als Minderbelasteter eingestuft, erhielt er auch seinen Besitz zurück. Ende der vierziger Jahre wanderte Thyssen nach Argentinien aus und starb dort 1951. Sein Erbe fiel an seine Witwe Amely und seine Tochter Anita Gräfin Zichy-Thyssen. Bundeskanzler Adenauer ließ es sich nicht nehmen, Amely Thyssen am 7. August 1960 das Große Verdienstkreuz zu überreichen. In der Verleihungsurkunde wurde hervorgehoben, daß die von ihr und ihrer Tochter ins Leben gerufene Fritz-Thyssen-Stiftung alljährlich ein Millionenvermögen an die deutsche Wissenschaft ausschüttete.

Als es 1948 darum ging, einen Tagungsort für den Parlamentarischen Rat zu finden, brachte der Leiter der Düsseldorfer Staatskanzlei, Hermann Wandersleb, den Namen Bonn ins Spiel. Die Landesregierung von Nordrhein-Westfalen stand diesem Vorschlag sogleich positiv gegenüber. Bonn besaß gegenüber anderen Mitbewerbern (Karlsruhe, Celle, Frankfurt, Koblenz) den Vorteil, daß es in historisch wie kultureller Hinsicht überlegen war. Frankfurt, das sich große Hoffnungen machte, kam deshalb nicht zum Zuge, weil dort das amerikanische Hauptquartier seinen Sitz hatte, in Bonn aber nur eine kleinere belgische Garnison lag, die auch nach der Berufung Bonns zur Bundeshauptstadt ihre Zelte abbrach. Mit der Wahl Bonns zum Tagungsort des Parlamentarischen Rats glaubte kaum einer der Delegierten an eine Vorentscheidung in der Hauptstadtfrage. Daß die Entscheidung dann doch auf die ehemalige kurfürstliche Residenzstadt fiel, hatte mehrere Ursachen. Vor allem glaubten viele Mitglieder des Parlamentarischen Rates, daß mit der Wahl Frankfurts eine gewisse Endgültigkeit verbunden gewesen wäre, was man von dem idyllischen Bonn kaum sagen konnte – alles sollte ja den Anschein eines befristeten Provisoriums erwecken, um der Wiedervereinigung keine Steine in den Weg zu legen. Adenauer, im nahen Rhöndorf wohnend, wollte zudem durch sein Votum für die kleine Residenz am Rhein seine von ihm angestrebte enge Westbindung unterstreichen. Am 10. Mai 1949 votierten 33 Mitglieder des Parlamentarischen Rats für Bonn, 29 für Frankfurt. Mit dem Namen Bonn ist der Wiederaufbau, eine starke Demokratie, wirtschaftliche Stabilität und nationale Sicherheit verbunden. Bonn war kein Zentrum der Macht, eher ein Regierungssitz von bescheidenem Äußeren. Der nach der Wiedervereinigung vollzogene Beschluß des Bundestags, nach Berlin umzuziehen, ist in Nordrhein-Westfalen verständlicherweise auf wenig Gegenliebe gestoßen. Das Bild zeigt den historischen Augenblick der Verabschiedung des Grundgesetzes am 8. Mai 1949. Links im Bild die Vertreter der KPD, Reimann und Renner, vorne NRW-Innenminister Menzel und der »Vater des Grundgesetzes«, der SPD-Abgeordnete Carlo Schmid.

Mit einem für die damalige Zeit bemerkenswerten Aufwand feierte Münster am 24. Oktober 1948 den 300. Jahrestag der Unterzeichnung des Westfälischen Friedens. Eine Woche lang war die Stadt Gastgeberin für zahlreiche in- und ausländische Delegationen. Bei allen Veranstaltungen kam die tiefe Sehnsucht nach einem dauerhaften Frieden zum Ausdruck. Das Bild zeigt Landsknechte in der Tracht des 17. Jahrhunderts beim Verlassen der Lambertikirche.

In Bethel bei Bielefeld tagte vom 9. bis zum 13. Januar 1949 die Generalsynode der evangelischen Kirche in Deutschland, um den Rat und seinen Präsidenten neu zu wählen. Der bisherige Präsident, Landesbischof Wurm, hatte seinen Rücktritt erklärt. Präsident der Generalsynode war der damalige Essener Oberbürgermeister Dr. Dr. Gustav Heinemann, hier bei seiner Eröffnungsrede.

Ernte im Ruhrgebiet Anfang August 1949. Der Ort ist nicht bekannt. Im Vergleich zu den Vorjahren sei die Ernte dieses Jahres gut ausgefallen, hieß es in einem Zeitungsbericht. An der Jahreswende 1947/48 war es um die Ernährungslage in Nordrhein- Westfalen noch schlecht bestellt, so daß sich Ministerpräsident Arnold zu einem Hilferuf an die übrigen Länder der Bizone veranlaßt sah. Arnold beklagte die schlechte Versorgung mit Fleisch, Fett und Kartoffeln. Die Militärregierung sicherte dem Ministerpräsidenten daraufhin zu, weitere 300.000 Tonnen Lebensmittel zu liefern. Sie forderte jedoch auch deutsche Behörden auf, alle Lebensmittelbestände hundertprozentig zu erfassen.

Am 1. September 1949 wurde in Bochum der 73. Deutsche Katholikentag eröffnet. Sein Leitthema lautete in Anlehnung an ein Zitat von Papst Pius XII. »Gerechtigkeit schafft Frieden«. Zur Eröffnungsveranstaltung in der großen Halle des Stahlkonzerns »Bochumer Verein« waren annähernd 40.000 Gläubige gekommen. In seinem Grußwort ging der Ministerpräsident von Nordrhein-Westfalen, Karl Arnold, auch auf die Bundestagswahlen vom 14. August ein. Er betonte, daß das deutsche Volk bei seiner Entscheidung Mäßigung und Toleranz gezeigt habe. Nach ihm ergriff der Gouverneur von Nordrhein-Westfalen, General Bishop, das Wort und forderte vor allem die junge Generation auf, an der Freundschaft mit England aktiv mitzuwirken. Mit einem Festgottesdienst vor über 500.000 Menschen endete der Katholikentag am 4. September. Die Gläubigen hatten sich vor den fünf großen, zur Demontage bestimmten Hochöfen des Bochumer Vereins versammelt. Der Ort dieser Zusammenkunft hatte Symbolcharakter. Nur wenige Kilometer weiter westlich war ein Werk der Ruhrchemie in Oberhausen von britischen Soldaten besetzt worden. Die Angst vor der ungewissen Zukunft war das beherrschende Thema des Katholikentags. Das Bild zeigt das Innere der geschmückten Werkshalle. Am Rednerpult Ministerpräsident Arnold, links in der ersten Reihe der damalige päpstliche Visitator für Deutschland, Erzbischof Muench, Kardinal Frings von Köln sowie der Erzbischof von Paderborn, Lorenz Jäger.

Der Ausgang der ersten Bundestagswahlen vom 14. August 1949 war vollkommen ungewiß. Die meisten Deutschen erwarteten einen Sieg der SPD. Daß es anders kam, hat die Wähler in Westfalen wie im gesamten Bundesgebiet überrascht. Die Wahlbeteiligung lag insgesamt bei 78,5 Prozent. Im gesamten Bundesgebiet wurde die CDU/CSU mit 34,6 Prozent stärkste Partei. Auf die SPD entfielen 32,2 Prozent, auf die FDP 11,9 Prozent, auf die KPD 5,7 Prozent und auf kleinere Parteien 21,1 Prozent, darunter 3,1 Prozent auf das in der Weimarer Republik noch starke Zentrum. Auch in Nordrhein-Westfalen wurde die CDU vor der SPD stärkste Partei. Die CDU kam hier auf 36,9 Prozent, die SPD erhielt 31,4 Prozent, die FDP 8,6 Prozent, das Zentrum 8,9 Prozent, die KPD 7,6 Prozent und sonstige Gruppierungen 6,6 Prozent der Stimmen. Die Wahlbeteiligung lag hier bei 79,2 Prozent. Übrigens waren 52 der 402 Bundestagsabgeordneten ehemalige Mitglieder der NSDAP. Der zum Teil erbittert geführte Wahlkampf war vor allem von Fragen der künftigen Wirtschaftsordnung geprägt. Während die SPD unter ihrem Vorsitzenden Kurt Schumacher der Planwirtschaft das Wort redete, vertrat die CDU und namentlich der zu ihr gestoßene Wirtschaftsprofessor Ludwig Erhard das Prinzip der Sozialen Marktwirtschaft. Gerade nach der Währungsreform hatte es die CDU recht einfach, ihre wirtschaftlichen Vorstellungen an die Wähler zu bringen. Die Freigabe der Preise und eine damit verbundene Verteuerung der Lebensmittel sowie der Anstieg der Arbeitslosenzahlen stand demgegenüber der SPD als Wahlkampfmunition zur Seite. Beide Seiten sparten nicht mit Vorwürfen, Unterstellungen und falschen Behauptungen. Der Wahlsieg der CDU/CSU und die Errichtung der Kleinen Koalition mit der FDP und der DP (Deutschen Partei) – übrigens entgegen den Vorstellungen des Ministerpräsidenten von Nordrhein-Westfalen Karl Arnold – sollte sich im nachhinein als die entscheidende Weichenstellung der Nachkriegszeit erweisen. Die Bilder zeigen Wahlwerbung für die CDU und die SPD im Ruhrgebiet.

Millionen Christen wählen CDU
CDU

Ein Beispiel für die Tatkraft, mit der nach dem Zweiten Weltkrieg die Integration der Flüchtlinge und Vertriebenen vorangebracht wurde, stellt die Stadtneugründung Espelkamp bei Minden-Lübbecke dar. Seit 1949 entstand auf dem Gelände einer 1938 errichteten, 1945 zur Sprengung vorgesehenen Heeresmunitionsanstalt eine Vertriebenen-Siedlung, die in mancher Hinsicht Modellcharakter beanspruchen konnte. Der Ort zeigte als eine planmäßig angelegte »Stadt im Walde« Merkmale einer modernen Stadtgestaltung und trug mit der Sozialanlage des Ludwig-Steil-Hofes der besonders schwierigen Situation seiner Bewohner Rechnung. Gelingen konnte dieses Projekt nur dank vielfältiger Hilfe seiner Initiatoren und Unterstützer: des schwedischen Pfarrers Birger Forell (1893–1958), des nordrhein-westfälischen Ministerpräsidenten Karl Arnold (1901–1958), des Evangelischen Hilfswerks und der Marshallplanhilfe. Das Experiment gelang. Als 1959 das Rathaus eingeweiht wurde, erhielt Espelkamp die Stadtrechte. 1974 zählte das Städtchen bereits 15.000 Einwohner. Das 1948 aufgenommene Foto dokumentiert den Umbau einer früheren Munitionshalle zu einem Geschäftshaus.

Für Nordrhein-Westfalen erwies es sich durchaus als Vorteil, daß die Bundeshauptstadt Bonn auf seinem Gebiet lag. Köln und Düsseldorf, vor allem aber die Industriezentren an Rhein und Ruhr, waren nicht weit entfernt. Kurze Wege und deckungsgleiche Interessen zwischen Bund und Land Nordrhein-Westfalen – in Bonn und Düsseldorf saß bis 1969 bzw. 1966 die CDU am Ruder – erleichterte die Aufbauarbeit ganz erheblich. Die von den vormals preußischen Westprovinzen Rheinland und Westfalen vielmals beklagte Ferne der Reichshauptstadt Berlin war nun überwunden. So konnte sich auch Westfalen besser entfalten als zu vormaliger Provinzialzeit. Das Bild zeigt die Eröffnungssitzung des ersten Deutschen Bundestags am 20. September 1949. Links im Bild ist das Bundeskabinett zu sehen.

Gut ein Jahr nach der Verabschiedung des Grundgesetzes fertigte die nordrhein-westfälische Regierung die Landesverfassung aus. Der Text hatte in einem Volksentscheid vom 18. Juni 1950 die Mehrheit der Bevölkerung gefunden und trat am 11. Juli in Kraft. Die Abbildung zeigt das letzte Blatt der Verfassungsurkunde mit den Unterschriften der Kabinettsmitglieder (von links oben nach rechts unten) Karl Arnold (Ministerpräsident), Erik Nölting (Wirtschaft), Heinrich Lübke (Ernährung), Fritz Steinhoff (Wiederaufbau), Walter Menzel (Innen), August Halbfell (Arbeit), Artur Sträter (Justiz), Christine Reusch (Kultur) und Rudolf Amelunxen (Soziales).

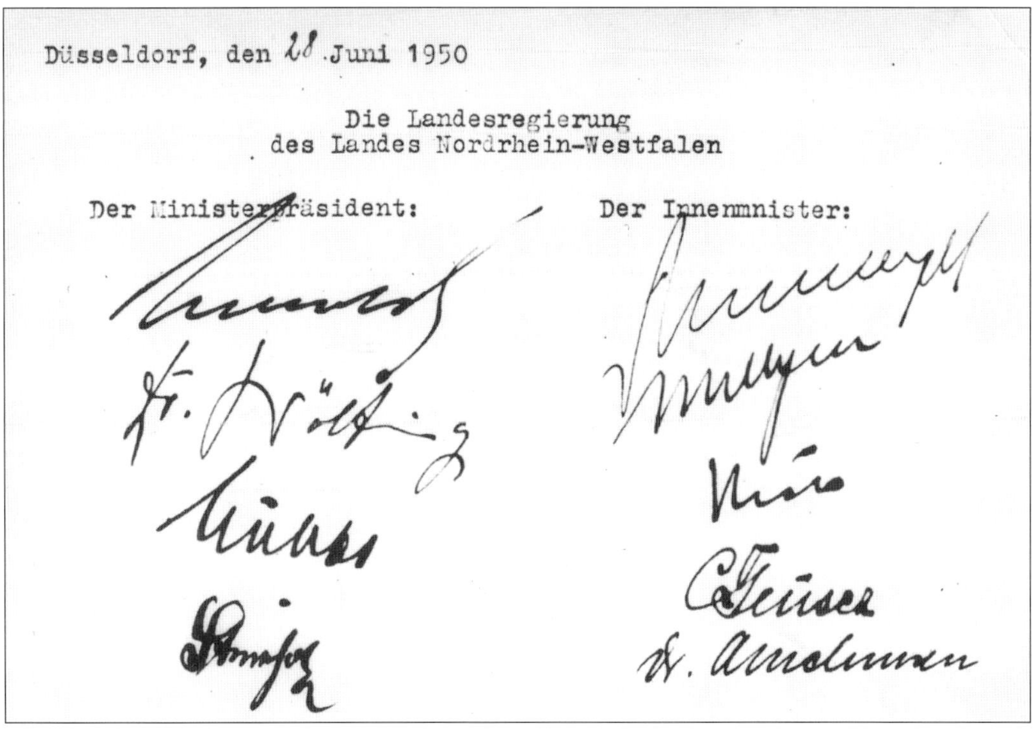

Düsseldorf, den 28 Juni 1950

Die Landesregierung
des Landes Nordrhein-Westfalen

Der Ministerpräsident:

Der Innenminister:

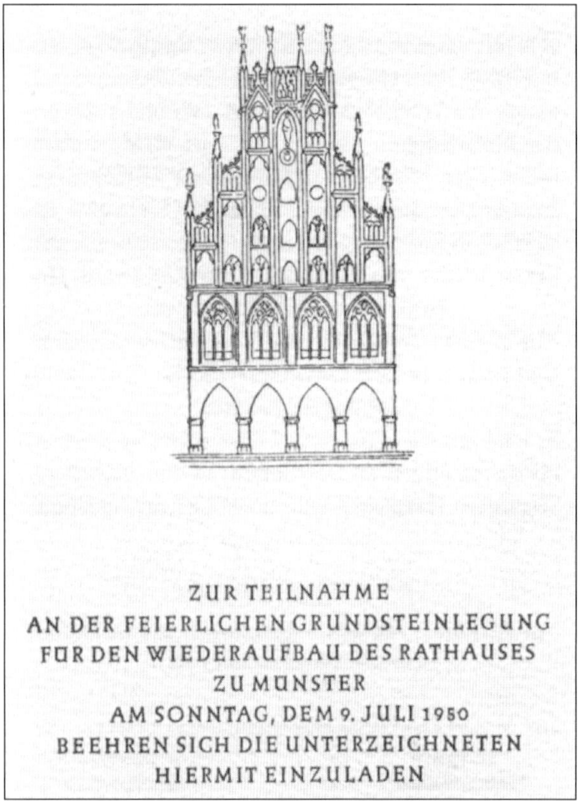

Die Initiative der münsterischen Kaufmannschaft und die an Spendenaktionen und Lotterien lebhaft teilnehmende Bevölkerung machten es möglich: Am 9. Juli 1950 konnte die Grundsteinlegung zum Wiederaufbau des Rathauses der Stadt Münster erfolgen. Aus dem Einladungstext der Innenseite klang der traditionelle münsterische Bürgerstolz: »Wie das Rathaus zu Münster immer das Symbol echten Bürgersinns und westfälischer Eigenart war, so soll es aus den Trümmern wiedererstehen und kommenden Generationen künden von dem Wiederaufbauwillen aller Westfalen und der Kraft westfälischen Bewußtseins«. Dennoch zogen sich die Arbeiten über fast acht Jahre hin. 1954 wurde der Giebel fertiggestellt. Am 30. Oktober 1958 konnte der Vorsitzende des Vereins der Kaufmannschaft zu Münster, der Verleger Friedrich Leopold Hüffer, der Stadt das vollendete Gebäude übergeben.

Der kurz nach der sogenannten Machtergreifung der Nationalsozialisten aus Deutschland geflohene Heinrich Brüning besuchte nach dem Zweiten Weltkrieg wiederholt seine Heimat. Von 1951 bis 1954 lehrte er an der Universität Köln. Während dieser Zeit kam es wiederholt zu Auseinandersetzungen Brünings mit Adenauer, da der ehemalige Reichskanzler die enge Westbindung scharf kritisiert hatte. Brüning zog sich danach wieder nach Amerika zurück, wo er am 30. April 1970 starb. Er wurde in seiner Vaterstadt Münster beerdigt. Das Bild zeigt Brüning bei der Feier zur Grundsteinlegung des Rathauses zu Münster am 9.7.1950.

Die westfälischen Karnevalisten nahmen's mit Humor. 1950 war die Währungsreform gerade zwei Jahre alt, als Münsters »Böse Geister« sich schon über die Zeit des Schwarzschlachtens lustig machten. Der damalige Rosenmontagszug war der erste seit mehr als zehn Jahren. Während der Kriegs- und Nachkriegsjahre hatte er ausfallen müssen.

Man sieht es den Gesichtern an: der zweite Platz ist der undankbarste. 1949, in der zweiten westdeutschen Nachkriegs-Fußballmeisterschaft, verlor Borussia Dortmund das Endspiel gegen den VfR Mannheim nach Verlängerung mit 3:2. Am 11. Juli kehrten die Fußballer aus Mannheim zurück. Die Mannschaftsaufstellung des Vizemeisters: Günther Rau, Heinz Ruhmhofer, Erwin Halfen, Willi Buddenberg, Paul Koschmieder, Erich Schanko, Herbert Erdmann, Max Michallek, Edmund Kasperski, Alfred Preißler, Friedel Ihbel.

Das »Schwarze Gold« des Ruhrgebiets, die Kohle, war ein janusköpfiges Geschenk. Es brachte Arbeitsplätze und Prosperität, doch seine Gewinnung bedeutete Arbeit unter härtesten Bedingungen und forderte immer wieder seine Toten. Am 25. Mai 1950 kamen Hunderte von Menschen zusammen, um von den Opfern eines Grubenunglücks auf der Gelsenkirchener Zeche Dahlbusch Abschied zu nehmen. Mit der Grubensicherheit stand es zu jener Zeit nicht zum Besten. Sechzig Prozent der geförderten Steinkohle stammte aus Schachtanlagen, die 75 Jahre oder älter waren – eine Fahrt unter Tage glich häufig einer Zeitreise ins tiefste 19. Jahrhundert. Demgegenüber waren Maßnahmen der Streckenabsicherung und Instandsetzung während des Krieges sträflich vernachlässigt worden – schließlich stand damals ein schier unerschöpflich scheinendes Reservoir an Kriegsgefangenen und Zwangsarbeitern zur Verfügung, die für kräftige Steigerungsraten bei der Kohleproduktion sorgten und Modernisierungen nachrangig erscheinen ließen. Die Strafe für diese menschenverachtende und wirtschaftlich kurzsichtige Unternehmensstrategie folgte auf dem Fuße. Nach dem Abzug von rund 150.000 ausländischen Arbeitern sank die Förderung im Ruhrbergbau 1945 auf gerade einmal 33 Millionen Tonnen ab – zwei Jahre zuvor hatte sie noch 127 Millionen Tonnen betragen. Man war alarmiert – schließlich lief ohne Kohle wirtschaftlich gar nichts, und als bald darauf das beginnende Wirtschaftswunder die unangenehme Eigenschaft einer ausgeprägten Energiegefräßigkeit zeigte, galt das alte Motto erneut: »Kohle kloppen, was das Zeug hält«. Streckenausbau und Sicherheitsmaßnahmen wurden erneut hintangestellt. Dabei wären sie besonders notwendig gewesen. Die Materialengpässe bei Stahlstempeln, Grubenholz, Glühbirnen, Transportbändern, Maschinenteilen, Dichtungen usw. zogen oft Behelfslösungen nach sich, bei denen den Aufsichtsbeamten heutzutage die Haare zu Berge stehen würden. Hinzu kam, daß es sich bei den neu angeworbenen Bergleuten weitgehend um berufsfremde Arbeitslose – Vertriebene, beschäftigungslose Bau- und Stahlarbeiter – und Jugendliche handelte, die unter Tage völlig unerfahren waren.

Im Juli 1951 besuchte Prinzessin Mary Einheiten der in Bad Oeynhausen stationierten britischen Truppen. Der Kurort war im Sommer 1945 Sitz der »Control Commission for Germany/British Element (CCG/BE)« geworden, die unter dem Militärgouverneur Montgomery das Oberkommando über die britische Zone ausübte. Bei dem königlichen Besuch waren übrigens deutsche Gäste ausdrücklich unerwünscht.

Alfried Krupp, der stellvertretend für seinen verhandlungsunfähigen Vater Gustav Krupp vor Gericht gestanden hatte, wurde am 3. Februar 1951 vom amerikanischen Hochkommissar John McCloy begnadigt; außerdem erhielt er sein Vermögen zurück. Wie viele andere Stahlwerke, so profitierte auch Krupp von dem nach der Währungsreform einsetzenden Wirtschaftsboom. Die Wunden des Krieges waren angesichts voller Auftragsbücher bald vergessen, und auch der gesellschaftliche Glanz kehrte auf die Villa Hügel zurück. Anläßlich des ersten Staatsbesuchs eines ausländischen Gastes in der Bundesrepublik Deutschland besuchte der Kaiser von Äthiopien, Haile Selassie, die Krupps auf ihrem Stammsitz. Das Bild zeigt die Teerunde: (von links) Berta Krupp, Witwe von Gustav Krupp, der Kaiser, Alfried Krupp und eine äthiopische Prinzessin.

Eine erfolgreiche Juristenlaufbahn stand am Anfang der politischen Karriere des Herforders Hermann Höpker-Aschoff (1883–1954). 1921 zum Oberlandesgerichtsrat in Hamm aufgestiegen, wurde Höpker-Aschoff vier Jahre später zunächst Justizminister, dann Finanzminister der preußischen Regierung. Als sich seine Ideen einer starken Reichsfinanzverwaltung nicht verwirklichen ließen, trat er von seinem Amt zurück; ein Jahr später legte er auch seine Mandate im preußischen Abgeordnetenhaus (1921–1932) und im Reichstag (1930–1932) nieder, wo er als Mitglied der Deutschen Demokratischen Partei (DDP) an der Seite seines Freundes Theodor Heuss gearbeitet hatte. Nach dem »Dritten Reich«, das er zurückgezogen in Bielefeld erlebte, wurde er eine der gestaltenden Persönlichkeiten der Bundesrepublik: 1948/49 als Mitglied der Parlamentarischen Kommission, seit 1951 als erster Präsident des Bundesverfassungsgerichts in Karlsruhe.

Alfred Müller-Armack wurde am 28. Juni 1901 in Essen geboren. Zwischen 1940 und 1950 arbeitete er als Professor für Nationalökonomie und Kultursoziologie in Münster. Danach wechselte er auf einen Lehrstuhl für Staatswissenschaft nach Köln. Müller-Armack gilt als wichtiger Vordenker des Konzepts der Sozialen Marktwirtschaft. Er starb am 16. März 1978 in Köln.

Seit Mitte der 50er Jahre holte der Straßenverkehr den Vorsprung des Schienenverkehrs mit großen Schritten ein. Zwischen 1955 und 1970 nahm die Motorisierung der Bundesbürger um 400 Prozent zu. Das Straßennetz, seit dem Krieg in nahezu unverändertem Zustand, zeigte sich dem Ansturm kaum gewachsen, so daß sein Ausbau in der verkehrspolitischen Rangordnung ganz oben stand. Von 1960 bis 1982 verlängerte sich der Bandwurm der nordrhein-westfälischen Straßen von 19.500 auf 27.000 Kilometer. Die Autobahnstrecken vervierfachten sich gar auf 1.860 Kilometer. Für den westfälischen Landesteil besonders wichtig waren die Ruhrtangente (erbaut 1955 bis 1961), die Sauerlandlinie (erbaut 1962 bis 1971) und die Hansa-Linie, deren Teilstück Kamen-Münster am 9. September 1965 übergeben wurde. Protestplakate suchte man damals vergebens – im Wirtschaftswunder feierten die Menschen eine neue Autobahn noch mit einem Volksfest. Das Bild stammt von 1954. ⇒

In der Nachkriegszeit hatten Tüftler und Techniker Hochkonjunktur. Vor allem auf dem Feld kleiner, sparsamer Automobile tummelten sich die Konstrukteure, darunter auch Willy Messerschmidt, der mit seinen Flugzeugen zweifelhaften Weltruhm erlangt hatte. Zu den aufsehenerregenden Automobilen der Nachkriegszeit gehörte fraglos auch das von Kleinschnittger entworfene Kleinstcabriolet. Der F-125 war 2,75 Meter lang, einen Meter hoch und wog nur 130 Kilogramm. Der Zweitaktmotor verbrauchte bei einer Reisegeschwindigkeit von 50 Stundenkilometern etwa 2,5 Liter Benzin auf 100 Kilometer. Sein Preis betrug 1.995 Mark – für Nachkriegsverhältnisse ein mehr als stolzer Preis. Der Kleinschnittger, der ab 1950 in Arnsberg gebaut wurde, besaß daher auch Seltenheitswert auf deutschen Straßen. Die Aufnahme stammt vom 26. August 1950 bei der Präsentation des Kleinwagens.

Zwei Gedenkminuten erinnerten die Münsteraner an einem Samstag des Jahres 1952 daran, daß die Stadt noch immer auf die Rückkehr von mehr als 2.700 Vermißten und Kriegsgefangenen wartete.

Für eine Sensation sorgte ein vollkommen unbekannter Ingenieur namens Heinz Kaminski, als er am 4. und 5. Oktober 1957 Funksignale des ersten künstlichen Satelliten, des russischen Sputnik, im Keller seines Hauses empfing. Hieraus entwickelte sich später die Sternwarte Bochum und das gleichfalls dort beheimatete Institut für Weltraumforschung, deren Leitung Kaminski übernahm. Aus bescheidenen Anfängen erwuchs ein anerkanntes Zentrum der Astronomie.

⇐ Sie galt als einer der größten außenpolitischen Erfolge Adenauers: die während des Moskauer Treffens vom September 1955 gegebene Zusicherung des sowjetischen Staatschefs Nikolai Bulganin, die letzten deutschen Kriegsgefangenen in ihre Heimat ziehen zu lassen. Als am 9. Oktober 1955 der erste größere Heimkehrerzug mit 602 Mann in Friedland eintraf, spielten sich erschütternde Szenen ab. Längst Totgeglaubte wurden von ihren Familien in die Arme geschlossen. Andere warteten vergebens. Von den 96.229 mit Namen bekannten Gefangenen kehrten nur 9.628 heim. Vielen von ihnen bereitete es große Schwierigkeiten, sich in der völlig veränderten Gesellschaft zurechtzufinden.

Der Hauptbahnhof Münster in den 50er Jahren. 1997 wurde er täglich von 260 Nah- und Fernverkehrszügen mit 66.000 Reisenden angefahren. In der Rangskala der westfälischen Bahnhöfe nahm Münster im Jahre 1988 nach Dortmund (mit 394 Zügen) und Hagen (mit 238 Zügen) den dritten Platz ein. Das 1956 fertiggestellte Gebäude vermochte den während des Zweiten Weltkriegs zerstörten alten Bahnhof unter ästhetischen Gesichtspunkten nie zu ersetzen.

Bis 1949 sorgten Diskussionen um Annexionen deutscher Gebiete und Grenzkorrekturen zugunsten der holländischen Seite für eine nicht unbeträchtliche Aufregung in Politik und Gesellschaft beider Länder. Im Rückblick handelte es sich dabei nur um einen Sturm im Wasserglas – glücklicherweise, möchte man hinzufügen, wog doch die geschichtliche Bürde schon schwer genug. Die im Januar/Februar 1949 in holländischen Besitz wechselnden Gebiete gingen über eine marginale Grenzkosmetik nicht hinaus; hinter den ursprünglich geforderten 1.750 qkm blieben sie jedenfalls weit zurück. Trotzdem war das Miteinander der Menschen hüben und drüben des Schlagbaums lange Zeit nicht so ungetrübt, wie es auf dem Foto vom Grenzübergang Gronau-Glanerbrück Mitte der 50er Jahre den Anschein erweckt.

Mit Shakespeares Richard III. unter der Regie von Hans Schalla wurde am 23. September 1953 das im Krieg zerstörte Bochumer Schauspielhaus wiedereröffnet. Die schon vor dem Zweiten Weltkrieg weithin bekannte Bühne konnte in den folgenden Jahrzehnten unter Intendanten wie Schalla, Zadek und Peymann an legendäre Erfolge anknüpfen.

Er zählte zu den ganz Großen in der Musikwelt: der am 8. August 1891 in Siegen geborene Violinist und Komponist Adolf Busch, ein Bruder des nicht weniger bekannten Dirigenten Fritz Busch. Vor allem die Werke Bachs, Beethovens und Brahms' hatten es dem Musiker angetan. 1933 hatte Busch Deutschland verlassen, seine Staatsbürgerschaft niedergelegt und war Schweizer geworden. 1940 siedelte er in die USA über. In Deutschland spielte er erstmals wieder 1949 beim Bonner Beethovenfest. Adolf Busch starb 1952 in den USA.

Die Stadt Münster um das Jahr 1953. Die Spuren des Krieges sind noch deutlich sichtbar. Zu erkennen sind zahlreiche Baulücken, die eingerüstete Lambertikirche und der Dom, dessen Wiederaufbau ebenfalls noch nicht abgeschlossen ist.

Auf der Grundlage der 1953 beschlossenen Landschaftsverbandsordnung wurden in Nordrhein-Westfalen zwei Landschaftsverbände geschaffen, die in ihren jeweiligen Landesteilen vor allem Aufgaben der Straßenbauverwaltung sowie der Wohlfahrts- und Kulturpflege erfüllen. Der Landschaftsverband Westfalen-Lippe hat seinen Sitz im Landeshaus zu Münster, einem 1949 entworfenen Bau, der wegen seiner Anklänge an die Architektursprache der dreißiger und vierziger Jahre kein gelungenes Beispiel der westfälischen Nachkriegsarchitektur darstellt.

Anton Köchling, 1903 in Paderborn geboren, ging in Essen-Borbeck zur Schule und studierte Rechtswissenschaften in Köln und München. Bevor er 1954 zum Direktor des Landschaftsverbandes Westfalen-Lippe gewählt wurde, war er Oberkreisdirektor in Recklinghausen. Bis 1968 stand Köchling an der Spitze des Landschaftsverbandes. Er starb 1990 in Münster.

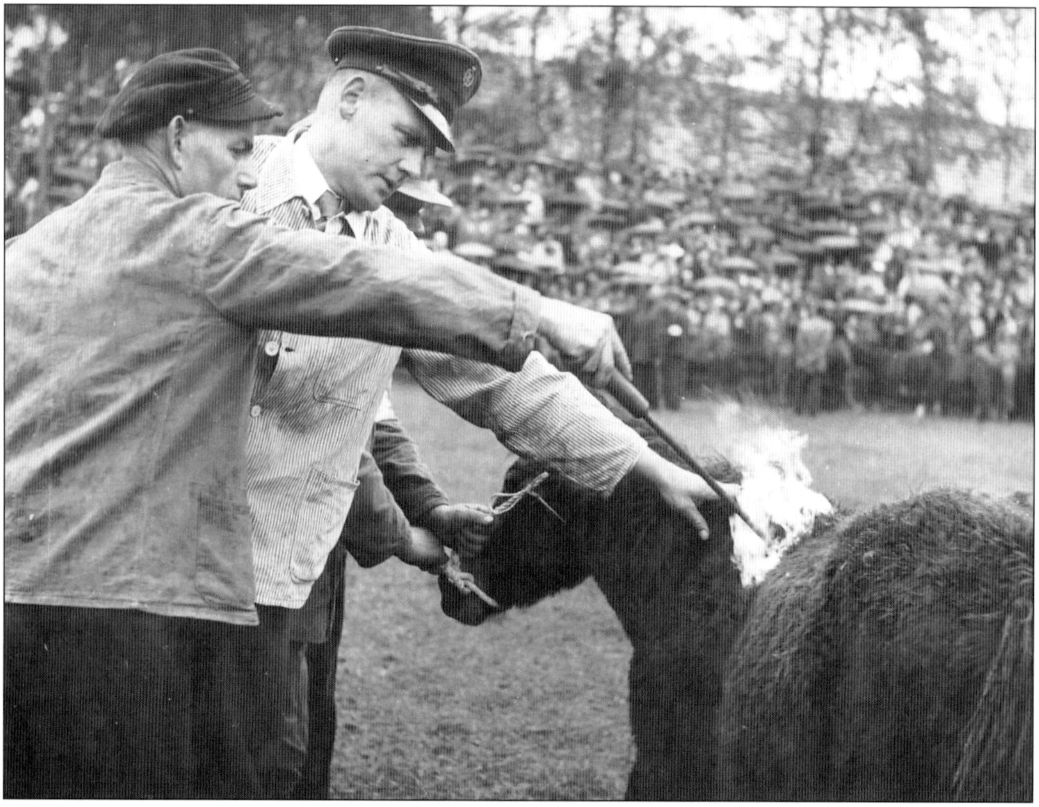

Im Merfelder Bruch bei Dülmen befindet sich die einzige Wildpferdereservation Europas. Ohne Eingriffe des Menschen wachsen hier die Tiere heran. Im abseits der großen Verkehrswege gelegenen Reservat herrscht jedoch einmal im Jahr, am letzten Samstag im Mai, Hochbetrieb. An diesem Tag kommen viele tausend Zuschauer dorthin, um dabei zu sein, wenn die einjährigen Hengste gefangen und versteigert werden. Nachdem die Stricker einen Wildling gebändigt haben, wird diesem das Zeichen des bisherigen Besitzers, des Herzogs von Croy, eingebrannt. Die Aufnahme stammt vom 31. Mai 1954.

Blick in den Plenarsaal des Landtags von Nordrhein-Westfalen während der Konstituierenden Sitzung der 3. Legislaturperiode am 27. Juli 1954. Aus den vier Wochen zuvor abgehaltenen Landtagswahlen war die CDU mit 41,3 Prozent abermals als Siegerin hervorgegangen. 34,5 Prozent hatten die SPD gewählt, 11,5 Prozent die FDP. Auf Zentrum und KPD entfielen knapp vier Prozent. Ministerpräsident Arnold wurde in seinem Amt bestätigt. ⇉

Der erste Westfale im Amt des nordrhein-westfälischen Ministerpräsidenten hieß Fritz Steinhoff (1897–1969). Der aus Wickede stammende Bergmannssohn war zunächst in die beruflichen Fußstapfen des Vaters getreten, bevor er SPD-Funktionär wurde. Während der nationalsozialistischen Zeit mehrfach verhaftet, ins Zuchthaus und Konzentrationslager gesperrt, gehörte er beim Wiederaufbau und demokratischen Neubeginn nach Kriegsende zu den »Männern der ersten Stunde«. 1946 bis 1957 Oberbürgermeister in Hagen, 1949/50 Minister für Wiederaufbau im Kabinett Karl Arnolds, löste er im Februar 1956 mit dem in Deutschland erstmals angewandten konstruktiven Mißtrauensvotum seinen bisherigen Chef im Amt des Ministerpräsidenten ab. Steinhoffs auf der Grundlage einer SPD-FDP-Zentrum-Koalition gebildete Regierung setzte ihre Akzente auf den Feldern des Wohnungsbaus, beim Schulbau und der Wissenschaftsförderung. Den im Zuge der ersten Kohlenabsatzkrise zutage tretenden wirtschaftlichen Strukturproblemen begegnete er mit ersten Bemühungen, mehr wissenschaftlich-technologisches Know-how ins Land zu holen; Steinhoff hatte angesichts des Vordringens des Erdöls und der billigen amerikanischen Importkohle erkannt, daß sich die industriellen Schwerpunkte Kohle und Stahl bei entsprechenden Weltmarktverhältnissen schnell zu einer belastenden Hypothek entwickeln konnten. Der stark von bundespolitischen Themen beherrschte Wahlkampf des Jahres 1958 brachte einen überwältigenden Sieg der CDU und das Ende des Kabinetts Steinhoff.

In der historischen Rückschau erscheinen die gesellschaftlichen und politischen Verhältnisse der fünfziger Jahre nicht wenigen als spießig und langweilig. Künstlerisch und architektonisch brachte die Dekade hingegen Leistungen hervor, die auch heute noch als Ausdruck einer geradezu klassischen Modernität gelten können. Ein Autohaus in Münster, aufgenommen im Jahre 1956.

Zu den markantesten Theaterneubauten nach dem Krieg in Europa zählte zweifellos jener in Münster, der am 4. Februar 1956 mit Mozarts »Zauberflöte« eröffnet wurde. Namhafte Fachleute sprachen von einem befreienden Donnerschlag angesichts zahlreicher restaurativer Tendenzen im Städtebau der Nachkriegszeit. Die Pläne für den Bau des Theaters stammten von einem jungen Team aus Münster, dem neben dem später über Westfalens Grenzen hinaus bekannt gewordenen Harald Deilmann die Architekten von Hausen, Rave und Ruhnau angehörten. Die Münsteraner, die ihren Prinzipalmarkt in Anlehnung an alte Vorbilder wiedererrichteten, freundeten sich mit der ungewöhnlichen Architektur bald an.

Eine neue deutsche Armee? »Ohne mich!« hieß die verbreitete Antwort der westdeutschen Bevölkerung. Um so behutsamer ging man zu Werke, als angesichts des Senkens des »Eisernen Vorhangs« und der neuen weltpolitischen Bipolarität auf der einen Seite und Adenauers Bemühen um die Erlangung der westdeutschen Souveränität auf der anderen Seite die Weichen immer deutlicher in die Richtung eines – wie es damals absichtsvoll-nebulös hieß – »westdeutschen Verteidigungsbeitrags« gestellt wurden. Der »alte Fuchs von Rhöndorf« wußte genau, daß die Vorbereitung der Wiederbewaffnung höchstes psychologisches Geschick erforderte und er nur Personen hinzuziehen durfte, die des deutschen Militarismus unverdächtig waren. Einer von ihnen war der auf dem Foto rechts abgebildete Adolf Heusinger. Der spröde Westfale – Heusinger wurde 1897 in Holzminden bei Höxter geboren – war seit 1931 im Generalstab der Wehrmacht gewesen, zuletzt als Leiter der Operationsabteilung im Oberkommando des Heeres, und hatte damit zur militärischen Elite des »Dritten Reiches« gehört. Was ihn moralisch für seine neuen Aufgaben qualifizierte, waren seine vielfältigen Verbindungen zu den Verschwörern des 20. Juli und seine darauf zurückzuführende Inhaftierung 1944. Nach Kriegsende gehörte er zum engsten Beraterkreis Adenauers und der »Dienststelle Blank«, der Keimzelle des Verteidigungsministeriums. Heusinger arbeitete auch an der »Himmeroder Denkschrift« vom Herbst 1950 mit, der »eigentlichen Magna Charta der späteren Bundeswehr« (so der Historiker Adolf Birke). Ein Jahr nach ihrer Gründung, 1957, wurde er deren erster Generalinspekteur. Auf dem Foto vom 17. Juli 1957 überreicht Adolf Heusinger dem 100.000 Freiwilligen ein Buchgeschenk.

»Die Frau von heute muß arbeiten und einen Beruf haben, wenn sie auf Dauer bestehen will. Das Zeitalter der Haustöchter ist vorbei, der guterzogenen Mädchen, die mit schüchternen Blicken hinter den Stühlen der Eltern standen, wenn der Auserwählte seine Aufwartung machte und seinen Heiratsantrag herunterstotterte«. Der Optimismus, den der Redakteur der Ahlener Volkszeitung im Frühjahr 1950 verbreitete, hat sich im großen und ganzen als berechtigt erwiesen. Der Anteil der Frauen an den Erwerbstätigen betrug in Nordrhein-Westfalen im Jahre 1994 41 Prozent. Daß diese Quote immer etwashinter der des Bundesgebiets herhinkte, lag an der Konzentration der Schwer- und Grundstoffindustrien im Ruhrgebiet, die über recht wenige Frauenarbeitsplätze verfügten, und der Krise der verarbeitenden Branchen in den 60er und 70er Jahren. So brachen im Zuge des Niedergangs der münsterländischen Textilindustrie mehr Frauenarbeitsplätze weg als durch die Ausweitung des Dienstleistungssektors geschaffen wurden.

Ende der 1950er Jahre geriet auch die Textilindustrie in den Strudel der Weltmarktkonkurrenz aus den Billiglohnländern. Die Reduzierung der Arbeitskosten wurde nun zum Dreh- und Angelpunkt jeder Kalkulation in dieser Branche - mit verheerenden arbeitsmarktpolitischen Folgen. Allein im westlichen Münsterland verloren zwischen 1968 und 1978 17.000 der 47.000 Beschäftigten ihre Stelle, weil die Firmen immer mehr auf die Rationalisierungseffekte moderner Maschinen setzten.

Jubel im Revier: Am 23. Juni 1957 gewann Borussia Dortmund zum zweiten Male hintereinander die Deutsche Fußballmeisterschaft. Die Mannschaft von links nach rechts: Wolfgang Peters, Erwin Schlebrowski, Helmut Kapitulski, Helmut Bracht, Wilhelm Burgsmüller, Herbert Sandmann, Alfred Niepieklo, Alfred Kelbassa, Max Michallek, Heinz Kwiatkowski, Alfred Preißler.

Der Torwart-Star der Borussia Dortmund in den Jahren 1952 bis 1964 hieß Heinz Kwiatkowski. Weil er die Bälle am liebsten mit gewaltigen Fausthieben aus dem Strafraum herausbrachte, nannten ihn seine Fans »Heini Fausten«. 1956 und 1957 brachte er mit seiner Mannschaft die begehrte Meisterschale nach Dortmund. Als er 1964 seine Karriere beendete, hatte er für den BVB mehr als 500 Spiele absolviert.

Im Kabinettssaal der Landesregierung von Nordrhein-Westfalen tauschten der Apostolische Nuntius in Deutschland, Erzbischof Dr. Aloisius Muench, links, und Ministerpräsident Fritz Steinhoff die Ratifikationsurkunden über den Vertrag zur Bildung des Ruhrbistums Essen aus. Damit stand dem schon seit Jahrzehnten von der Kirche geforderten eigenen Bistum in dieser Region nichts mehr im Wege. Es setzte sich aus Teilen des Bistums Münster sowie der Erzdiözese Köln zusammen. Einen wesentlichen Befürworter besaßen die dort wohnenden deutschen und polnischen Katholiken in Papst Pius XII., der schon während seiner Zeit als Nuntius in Deutschland diese Bistumsgründung gefordert hatte. Am 21. November 1957 ernannte der Papst den bisherigen Weihbischof von Paderborn, Dr. Franz Hengsbach, zum ersten Bischof von Essen. Hengsbach war am 29. September 1953 in Paderborn zum Weihbischof geweiht worden.

Mit der Amtseinführung Franz Hengsbachs (1911–1991) am 1. Januar 1958 im Essener Münster beginnt die Geschichte des Ruhrbistums. Es war im Zuge der starken Zuwanderung vor allem polnischer Katholiken notwendig geworden und umfaßt die Städte Bochum, Bottrop, Duisburg, Essen, Gelsenkirchen, Mülheim und Oberhausen sowie die Kreise Altena und Ennepe-Ruhr mit 1,3 Millionen Gläubigen. Hengsbach hatte schon als junger Priester seelsorgerisch in der Region gearbeitet. Der Kölner Erzbischof Kardinal Frings sagte in seiner Festrede: »Wir gratulieren dem neuen Bistum, daß es einen Bischof erhält, ... dessen Name in ganz Deutschland einen hellen Klang besitzt.« Als Zeichen seiner Verbundenheit mit dem Ruhrgebiet ließ sich Franz Hengsbach in seinen Bischofsring ein kleines Kohlestück einarbeiten.

Hunderttausende begeisterter Anhänger bereiteten dem deutschen Fußballmeister des Jahres 1958, dem FC Schalke 04, einen Empfang, der nach den Worten Fritz Szepans alles übertraf, was sich bei der Rückkehr der großen Schalker Mannschaften vergangener Jahre von ihren Meisterschaftssiegen abspielte. 150.000 Menschen säumten den Weg des Wagenkorsos vom Gelsenkirchener Bahnhof bis zum Schalker Markt. Die Straßen waren mit blau-weißen Farben geschmückt. Der Schalker Markt selbst, der bei hereinbrechender Dunkelheit taghell erleuchtet wurde, bildete den Mittelpunkt eines großen Volksfestes. Mit dem 3:0-Sieg über den Hamburger Sportverein errang Schalke 04 seinen siebten deutschen Meistertitel. Die Siegermannschaft hatte folgende Aufstellung: Orcessek im Tor, Brocker, Sadlowski, Karnhof, Laszig, Borutta, Koslowski, Kördel, Siebert, Kreuz und Kapitän Klodt.

Als der Dortmunder Fußballprofi Jockl Bracht einem Spiel des VfB Lünen zusah, fiel ihm ein junger Spieler mit auffälliger Kurzhaarfrisur und beachtlichen Torjägerqualitäten auf. Es handelte sich um Friedhelm Konietzka, einen gerade 20jährigen Bergarbeiter. Die Dortmunder Talentsucher überlegten nicht lange und nahmen ihn 1958 unter Vertrag. Für Friedhelm Konietzka war dies der Beginn einer erfolgreichen Fußballerkarriere: 1963 wurde er mit dem BVB Deutscher Meister, 1965 Deutscher Pokalsieger. Mit dem TSV 1860 München errang er 1966 erneut die Deutsche Meisterschaft. 1962 berief ihn Sepp Herberger gar in die Deutsche Nationalelf, doch konnte »Timo« – so Konietzkas Spitzname – dort die in ihn gesetzten Erwartungen nicht erfüllen. Als er 1967 die Bundesliga verließ, hatte er in 100 Spielen 72 Tore geschossen.

Die erste Kohlenkrise brach 1958 völlig überraschend über das Land herein. Bis dahin hatten Experten und Unternehmen beteuert, daß die heimische Steinkohle stets das Fundament der deutschen Energieversorgung bleiben würde. Als sich jedoch die energiewirtschaftlichen Bedingungen grundlegend wandelten, waren die wortreichen Garantien schnell der Schnee von gestern. Zu Beginn des Jahres 1958 wurden die Importkohle und das immer stärker auf den Weltmarkt drängende Öl der Golfstaaten so billig, daß die heimische Kohle ihre Konkurrenzfähigkeit verlor. Die langfristigen Folgen sind auf den Bildern zu sehen: wachsende Haldenbestände, stillstehende Förderräder und verfallende Industrieruinen. 35 Zechen mit einer Jahresproduktion von fast 12 Millionen Tonnen und 53.000 Arbeitsplätzen verschwanden im Ruhrgebiet allein zwischen 1958 und 1964. Seitdem ist die Strukturkrise der ständige Begleiter der nordrhein-westfälischen Industriepolitik.

Ein Bergmann unter Tage.

Der alte und der neue Bundespräsident, rechts Theodor Heuss, links Heinrich Lübke. Die Wahl Lübkes 1959 war von einigem Theaterdonner auf der politischen Bühne Bonns begleitet. Nachdem sich in den Augen Adenauers kein geeigneter Kandidat finden ließ, und auch Ludwig Erhard, der erfolgreiche Wirtschaftsminister, keine Neigung verspürte, sich in die Villa Hammerschmidt abdrängen zu lassen, gab der Bundeskanzler seine eigene Kandidatur bekannt. Dem weltweiten Entsetzen folgte eine ebenso schnelle Umkehr Adenauers, nachdem er schließlich doch einsehen mußte, daß das Amt des Bundespräsidenten wenig geeignet war, politische Leitlinien vorzugeben. Als Verlegenheitskandidat trat nunmehr Bundeslandwirtschaftsminister Heinrich Lübke an, obwohl der gebürtige Sauerländer sich nach dem Amt gar nicht drängte. Politisch waren die beiden Amtsperioden Lübkes besonders durch sein Engagement für die Entwicklungshilfe gekennzeichnet. 15 größere Reisen, vor allem in Länder der Dritten Welt, waren dem Ansehen der Bundesrepublik sehr förderlich. Noch zu Beginn seiner Amtszeit hatte Lübke versucht, seinem Amt mehr politisches Gewicht zu geben. So machte er gelegentlich von sich reden, als er sich weigerte, Gesetze zu unterzeichnen. Im letzten Jahr seiner Amtszeit fiel das Nachlassen seiner Kräfte höchst unglücklich zusammen mit Angriffen aus der DDR. Wie aber nach 1989 bekannt wurde, waren die angeblichen Verwicklungen Lübkes in den Bau von KZ-Baracken nichts weiter als raffinierte Fälschungen des Staatssicherheitsdienstes. Lübke wehrte sich nicht entschieden genug dagegen und trat im März 1969 zurück. Sein in der Tat schlichtes Gemüt und mangelnde Rednergabe ließen den Mann aus dem Sauerland oftmals unbeholfen erscheinen. Der äußere Eindruck trog jedoch. Lübke wirkte hinter den Kulissen recht erfolgreich und gilt als der entscheidende Wegbereiter der Großen Koalition. Am 14. Oktober 1894 in Enkhausen im Kreis Arnsberg geboren, studierte Lübke Landwirtschaft und Geodäsie und arbeitete als Vermessungsingenieur. Von März bis Oktober 1933 saß Lübke wegen vollkommen haltloser Vorwürfe seitens der NS- Machthaber in Untersuchungshaft. Nach 1945 wirkte er erfolgreich als Landwirtschaftsminister in Nordrhein-Westfalen. Heinrich Lübke starb am 6. April 1972 in Bonn.

Als der französische Gerbermeister Paillot aus Condé 1794/95 in die Gegend von Dorsten kam, notierte er mit Befremden: »Was wir sahen, war in des Wortes wahrster Bedeutung eine Wüste.« Nur wenige Jahrzehnte später hätte er den Ort nicht wiedererkannt. Den ersten Impuls zum wirtschaftlichen Aufblühen des kleinen Ackerbürgerstädtchens brachte die am Ort entlangführende Lippe. Als der Fluß 1829 von Wesel bis Lippstadt schiffbar gemacht wurde, erhielt Dorsten die Bedeutung eines wichtigen Handelsknotenpunktes, von dem aus Kohle, Speck, Schinken und Salz ins Rheinland und nach Holland gelangten. Die lebhafte Frachtschiffahrt bescherte nicht nur Geld, sondern auch ein neues Handwerk: den Schiffsbau. Der »Dorstener Aak« wurde zum gängigen Lastkahn der Lippeschiffer. Der industrielle Durchbruch kam erst um die Jahrhundertwende, als im Zuge der Nordwanderung des Ruhrbergbaus auch in Dorsten Steinkohle abgebaut wurde. Auf dieser Grundlage entstand hier später Europas größtes auf Kohlebasis arbeitendes Gaswerk. Das Foto stammt vom Juni 1956.

Im Jahre 799 wurde mit der Weihe des Doms der Paderborner Bischofssitz gegründet. In seiner heutigen Form entstand das Bauwerk in den Jahren 1220 bis 1280. Bei seiner Errichtung wurden Teile der durch Brand zerstörten Vorgängerbauten integriert, wodurch sich eine Spannung zwischen romanischen und gotischen Stilelementen ergab, die dem Gotteshaus einen besonderen Reiz verleiht. Sein Innenraum birgt einige Perlen westfälischer Plastik.

Alljährlicher Höhepunkt des Paderborner Festkalenders ist die Libori-Woche, die zu Ehren eines der Schutzpatrone des Domes, dem hl. Liborius, gefeiert wird. Der Schrein mit den im Jahre 836 aus dem französischen Le Mans in die westfälische Bischofsstadt überführten Reliquien des Heiligen wird von Bürgern der Stadt durch den Dom und die Straßen getragen. Um ihn rankt sich eine besondere Geschichte. Im Jahre 1622, während der Wirren des Dreißigjährigen Kriegs, ließ Herzog Christian von Braunschweig-Lüneburg zu Wolfenbüttel – ein Abenteurer und Draufgänger, dem der Ruf des »Tollen Christian« vorauseilte – den ursprünglichen Libori-Schrein zu Silbertalern umschmelzen. Die Gebeine des Heiligen ließ er unberührt. 1627 schuf der Goldschmied Hans Krako aus Dringenberg bei Warburg den auf dem Foto abgebildeten neuen Schrein.

Im engen Lennetal.

In der zweiten Hälfte des 19. Jahrhunderts entwickelte sich die am Nordrand des Sauerlandes liegende Stadt Hagen zu einem Zentrum der märkischen metallverarbeitenden Industrie. Hammer- und Walzwerke, Kleineisen- und Drahtindustrie siedelten sich an und schufen die Grundlagen für ein rasches Aufblühen des Ortes. 1980 lag das durchschnittliche Bruttosozialprodukt je Einwohner in Hagen deutlich über dem nordrhein-westfälischen Durchschnitt. Auch auf kulturellem Gebiet fand die Prosperität der 208.000-Einwohner-Stadt (1987) ihren Niederschlag. Mit dem Karl-Ernst-Osthaus-Museum und dem Westfälischen Freilichtmuseum Technischer Kulturdenkmäler (1973 eröffnet) ist Hagen ein wichtiger Museumsstandort. 1974/75 erfolgte die Gründung der ersten deutschen Fernuniversität, die sich mit ihrem Angebot vor allem an Berufstätige wendet, um ihnen im Rahmen des Zweiten Bildungsweges weitere Aufstiegsmöglichkeiten zu vermitteln. Das Foto zeigt die Innenstadt um 1960.

In einer Rekordzeit von nur 25 Monaten entstand in Bochum auf dem ehemaligen Gelände zweier Schachtanlagen ein neues Werk des Automobilherstellers Opel. Am 10. Oktober 1962 wurde die Fabrik, in dem der Opel Kadett vom Band lief, eröffnet.

Bei einer Schlagwetterexplosion am 8. März 1962 auf der Zeche Sachsen in Heessen kamen 31 Bergleute ums Leben. Das Unglück ereignete sich kurz vor dem Ende der Nachtschicht in der 4. Sohle in 1.140 Meter Tiefe. Die Explosion war bei Gesteinsprengungen durch Schießarbeiten ausgelöst worden. Zur Zeit des Unglücks befanden sich 169 Kumpel in dem betreffenden Revier. Da glücklicherweise die Stahlpfeiler des Strebs nicht geknickt waren, konnten die Bergungstrupps sofort eindringen. Die Zeche Sachsen der Märkischen Steinkohlen-Gewerkschaft beschäftigte zu Beginn der 60er Jahre 2.200 Kumpel. Die Tagesförderung betrug 4.500 Tonnen. Das Bild zeigt Bergleute und Angehörige vor den Toren der Zeche.

Für beträchtliches Aufsehen auf Deutschlands Straßen sorgte 1962 der Kadett. Eine moderne Form, sparsame und stabile Motoren, ein wahrlich riesiger Kofferraum und reichlich Platz im Inneren ließen das in Bochum hergestellte Auto zum ernsthaften Konkurrenten des VW-Käfers heranreifen. Auch die späteren Nachfolger des »Kadett A« entpuppten sich als Publikumserfolge.

GG-DR 52

Der ehemalige nordrhein-westfälische Landtag in Düsseldorf. Im Gegensatz zu Bayern, Württemberg oder Baden besaß das 1946 gegründete Bundesland Nordrhein-Westfalen keine parlamentarische Tradition. In den beiden vormaligen preußischen Provinzen Rheinland und Westfalen regelten mit eingeschränkten Befugnissen ausgestattete Provinziallandtage die internen Angelegenheiten, sozusagen als Organe der Selbstverwaltung. Mit der Berufung Düsseldorfs zur Landeshauptstadt stellte sich auch die Frage nach einem Tagungsort für den Landtag. Das erste, noch von der britischen Militärregierung ernannte Parlament, tagte – abgesehen von der Eröffnungssitzung im brandgeschädigten Opernhaus – im Theatersaal des Chemiekonzerns Henkel. Diesen weit und breit einzigen unzerstörten Saal mußten sich die Abgeordneten jedoch mit den britischen Truppen teilen, die hier Theater- und Filmvorführungen veranstalteten. Auf die Dauer waren diese Zustände nicht hinnehmbar, zumal auch die Fraktionen unter recht spärlichen Verhältnissen in Gaststätten tagten. 1949 erfolgte schließlich der Umzug in das Ständehaus der ehemaligen Rheinprovinz am Schwanenspiegel. Das 1881 errichtete, repräsentative Gebäude ermöglichte verbesserte Arbeitsbedingungen, doch schon von Anfang an litten Abgeordnete und Landtagsverwaltung unter Raumnot, war doch das Haus seinerzeit für lediglich 75 Vertreter des rheinischen Provinziallandtages errichtet worden. Trotz dieser Nachteile wurde in dem Haus Geschichte geschrieben: Hier nahm der erfolgreiche Weg aus Chaos und Not der Nachkriegsjahre seinen Anfang. Überlegungen, das Provisorium aufzugeben und einen neuen Landtag zu errichten, beschäftigten das Plenum bald zwanzig Jahre. 1988 war es dann soweit: Das am Rhein gelegene moderne Haus des nordrhein-westfälischen Landtags konnte bezogen werden.

Als Antwort auf die wirtschaftsstrukturelle Einseitigkeit und die vom Wissenschaftsrat vorausgesehene deutsche »Bildungskatastrophe« kam es in Nordrhein-Westfalen während der 60er Jahre zu einer Reihe von Universitätsgründungen, die das Land aus dem Stand an die Spitze der europäischen Hochschullandschaften brachte. Am Anfang stand die Eröffnung der abgebildeten Ruhr-Universität Bochum im Jahre 1961. Es folgten die Universitäten Dortmund (1962), Düsseldorf (1965), Bielefeld (1967) – das Foto oben rechts zeigt den damaligen nordrhein-westfälischen Ministerpräsidenten Kühn bei der feierlichen Grundsteinlegung –, die Gesamthochschulen Duisburg, Essen, Paderborn, Siegen und Wuppertal (1972) sowie die auf die Zielgruppe der Berufstätigen hin konzipierte Fernuniversität Hagen (1974).

Der Kanzler und sein Nachfolger: Am 15. Oktober 1963 trat Konrad Adenauer nach 14jähriger Amtszeit als Bundeskanzler zurück. Damit war der Weg frei für den bisherigen Wirtschaftsminister Ludwig Erhard. Das Verhältnis zwischen den beiden Politikern war längst nicht so freundlich wie es auf dem Foto vom 3. Oktober 1963 zu sein scheint. Adenauer hatte einiges unternommen, um den Aufstieg des »Vaters des Wirtschaftswunders« auf den Chefsessel zu verhindern. Tatsächlich leitete der Wachwechsel am Rhein die Götterdämmerung der CDU-Regierung ein. Erhard mußte nach nur dreijähriger Amtszeit infolge einer Regierungs- und Wirtschaftskrise zurücktreten; 1966 brachte die Große Koalition die erste Regierungsbeteiligung der SPD auf Bundesebene.

Zu den wenigen Frauen, die sich in der deutschen Politik profilieren konnten, gehörte die aus Duisburg gebürtige, aber in Oelde beheimatete Änne Brauksiepe. Sie zog 1949 für die CDU in den ersten Deutschen Bundestag ein, wurde 1965 stellvertretende Fraktionsvorsitzende und übernahm am 1. Oktober 1968 das Familienministerium, das sie bis zum Ende der Großen Koalition ein Jahr später behielt. Sie zog sich danach aus der Politik zurück. Änne Brauksiepe starb am 1.1.1997 in Oelde.

Einer der maßgeblichen Köpfe der westdeutschen Kulturpolitik vor und nach dem Zweiten Weltkrieg war Adolf Grimme (1889–1963). 1930 bis 1932 Preußischer Kultusminister, bekleidete er dieses Amt erneut in den Jahren 1946 bis 1948 im Land Niedersachsen. Danach schrieb er als Generaldirektor des NWDR ein Stück bundesrepublikanischer Rundfunkgeschichte (1948–1956). 1964, ein Jahr nach seinem Tod, wurde der seitdem jährlich verliehene und nach Grimme benannte Fernsehpreis des Deutschen Volkshochschul-Verbandes erstmals in Marl vergeben.

Der im Jahre 1904 in Freiburg geborene Karl Rahner, Professor für Religionsphilosophie an der Universität Münster, gilt als einer der herausragenden Theologen des 20. Jahrhunderts. Rahner wurde von Papst Johannes XXIII. zum Berater für das Zweite Vatikanische Konzil (1962–1965) berufen, das wegen seiner kirchlichen Erneuerungstendenzen in die Geschichte einging.

Zwei höchste Repräsentanten von Kirche und Staat im Gespräch: Dr. Joseph Höffner und Dr. Franz Meyers. Der aus einem kleinen Dorf im Westerwald stammende Höffner wurde am 9. Juli 1962 zum Bischof von Münster berufen. 1969 trat er die Nachfolge Kardinal Joseph Frings' als Kölner Erzbischof an. In dieser Eigenschaft stand er von 1976 bis 1987 auch der Deutschen Bischofskonferenz vor. Dr. Meyers bekleidete von 1958 bis 1966 das Amt des nordrhein-westfälischen Ministerpräsidenten. Das Hauptanliegen des CDU-Mannes war die Überwindung des Bindestrichs, der sich in dem Namen seines Bundeslandes befand und es als ein von den Besatzungsmächten künstlich geschaffenes Gebilde charakterisierte. So bemühte er sich ständig um ein Verbundenheitsgefühl zwischen Westfalen, dem Rheinland und Lippe.

Nicht nur die Bäuche, auch die Autos nahmen in der Zeit des »Wirtschaftswunders« Rubenssche Formen an. Ein Porsche in der Dortmunder Innenstadt.

Blick auf einen Karnevalszug aus schlichteren Zeiten: der Prinzenwagen am Rosenmontag 1963 auf dem Prinzipalmarkt in Münster.

Als das Ruhrgebiet noch in voller industrieller Blüte stand, ging es auch den Dortmunder Brauereien blendend – Union und DAB, Ritter, Thier, Kronen und Hansa waren im wahrsten Sinne des Wortes in aller Munde. Ende der 60er Jahre verließen mehr als sieben Millionen Hektoliter die Braustätten der nach Milwaukee in den USA größten Bierstadt der Welt. Damals stammte jedes zehnte in der Bundesrepublik getrunkene Bier aus Dortmund. In den 70er Jahren ging der Bierausstoß jedoch kontinuierlich zurück. Die Ursachen hierfür lagen aber nicht allein im tiefgreifenden Strukturwandel des Ruhrgebiets. Eine gewisse Mitschuld traf die Brauereien selbst, die unter ihrem guten Namen Billigbiere vertrieben. Der Kunde verlangte gleichwohl mit wachsendem Wohlstand nach Qualität und bevorzugte mehr und mehr andere Sorten. Von diesem Wandel profitierten die Privatbrauereien im Sauerland ganz erheblich, die überdies voll auf die sogenannte Pilswelle setzten. Letztlich war es eine Auseinandersetzung um des Kaisers Bart – vom Geschmack her waren die Dortmunder Biere ja keineswegs schlechter.

In Dortmund wird das Bier nicht nur gebraut, sondern gerne auch mal selbst getrunken: Blick in eine Dortmunder Kneipe der 60er Jahre.

Schon zu Beginn der 60er Jahre, als billige Importkohle den deutschen Markt überschwemmte, prophezeiten Experten den deutschen Zechen keine große Zukunft. Am Ende des 20. Jahrhunderts gibt es vom Niederrhein bis ins Münsterland nur noch 15 Betriebe, und auch deren Zukunft ist ungewiß, wenn die Subventionen gekürzt oder ganz eingestellt werden. So wurden seit den sechziger Jahren viele Zechen stillgelegt. Im Bild vom 30. Mai 1964 sind Kumpel bei ihrer letzten Schicht auf dem Bochumer Bergwerk Carolinenglück zu sehen. Damit wurde im dortigen Raum die achte Schachtanlage geschlossen. Als im Frühjahr 1997 die Kumpel an Rhein und Ruhr auf die Straße gingen, um für den Erhalt ihrer Arbeitsplätze zu kämpfen, gab es in Nordrhein-Westfalen noch 16 Förderbetriebe. Für viele Menschen war und ist es unvorstellbar, daß die Kohleproduktion in Deutschland einmal eingestellt werden könnte. Zur Zeit des Erhardschen Wirtschaftswunders arbeiteten noch mehr als 500.000 Bergleute unter Tage.

Der CDU-Politiker Ludger Westrick wurde am 23. Oktober 1894 in Münster geboren. Der promovierte Jurist absolvierte zunächst eine beachtliche kaufmännische Karriere, bis er im März 1951 Staatssekretär im Bundeswirtschaftsministerium wurde. Er behielt diesen Posten bis 1963, als er ins Bundeskanzleramt wechselte. Von Juni 1964 bis September 1966 bekleidete Westrick das Amt eines Bundesministers ohne bestimmtes Portefeuille. Sein Einfluß war dennoch groß, besonders während der Kanzlerschaft von Ludwig Erhard, als dessen rechte Hand Westrick galt. Heinrich Krone bemerkte einmal, daß Ludger Westrick »nach Art eines Generaldirektors« dirigiere.

Als Ludwig Erhard im Herbst 1965 das Ruhrgebiet besuchte, gab es Anlaß für zufriedene Gesichter. Der »Vater des Wirtschaftswunders« hatte im September die Bundestagswahl gewonnen; das Revier befand sich wieder auf dem Weg der wirtschaftlichen Besserung. Doch der »eitel Sonnenschein« war nicht von langer Dauer: Im folgenden Jahr brachten eine erneute Kohlenkrise und Probleme auf dem Stahlmarkt das nordrhein-westfälische Industriegebiet in Schwierigkeiten, während Erhard infolge einer Regierungskrise seinen Chefsessel räumen mußte.

Der »König der Dribbler« inAktion: Reinhard »Stan« Libuda war in den sechziger Jahren für viele der »Fußballgott« schlechthin. »An Jesus kommt keiner vorbei« lautete einmal eine Mahnung an einer Gelsenkirchener Litfaßsäule. Der handschriftliche Kommentar eines Schalke-Fans ergänzte »Außer Libuda«. 1953 kam er imAlter von zehn Jahren zum FC Schalke, unterschrieb dort mit 17 seinen ersten Vertrag. Drei Jahre später spielte Libuda erstmals für die Nationalelf, für die er bis 1971 in 26 Länderspielen drei Tore schoß. Mit Borussia Dortmund gewann er 1966 den Europacup der Pokalsieger, doch zog es den schüchternen und eher publikumsscheuen Mann schon 1969 wieder zurück zu »seinem« FC Schalke 04. Nur einmal verließ Reinhard Libuda das Ruhrgebiet – unfreiwillig. Im Zuge des Bundesligaskandals 1972 vom Deutschen Fußball-Bund mit einer lebenslangen Sperre belegt, spielte er zwei Jahre lang für Racing Straßburg. 1974 begnadigt, kehrte er noch einmal zu Schalke zurück. Nach der Beendigung seiner Fußballaufbahn nahm »Stan« Libudas Leben einen tragischen Verlauf. Er übernahm zunächst das Tabakwarengeschäft Ernst Kuzorras am Schalker Markt, doch wurde der einstige Star schon bald von schweren finanziellen, gesundheitlichen und privaten Problemen bedrängt. Am 25. August 1996 starb Reinhard Libuda im Alter von 52 Jahren an den Folgen eines Schlaganfalls.

Als Harald Norpoth seine Sportlerkarriere beendete, war der Laufsport untrennbar mit seinem Namen verbunden. Beim Europacup-Finale in Edinburgh 1973 ging der hagere Hüne das letzte Mal an den Start. Seine Fans sahen es mit Wehmut – aber auch mit der Gewißheit, daß die 5.000-Meter-Läufe künftig wieder spannend sein würden. Von 1966 bis 1973 war er in dieser Disziplin der unangefochtene Deutsche Meister gewesen.

Ein wichtiger Tag in der noch jungen Geschichte der Bundeswehr. Am 24. April 1965 wurden im Fußballstadion des SC Preußen Münster in Anwesenheit von Bundesverteidigungsminister von Hassel, des Generalinspekteurs de Maizière sowie zahlreicher hoher Offiziere von Bundeswehr und Nato 319 Truppenfahnen an die Bataillone des Heeres übergeben.

Textil- und Möbelindustrie, Maschinenbau, Brennereien und die Zementherstellung prägten bis weit in die Nachkriegszeit hinein das industrielle Bild vieler münsterländischer Klein- und Mittelstädte. In den beginnenden 50er Jahren erlebten gerade Textil- und Möbelindustrie einen regelrechten Boom; bekannte Firmen, wie etwa van Delden in Gronau, beschäftigten Tausende von Arbeitern. Als dann Mitte der sechziger Jahre viele Unternehmen die Folgen einer sich abschwächenden Konjunktur nicht beachteten und am Markt vorbeiproduzierten, kam es zu ersten Entlassungen und Firmenschließungen. Die Boomjahre nach dem Krieg waren vorbei. Weitere Wirtschaftskrisen, so 1974/75, 1982/83 und 1992 bis 1994, brachten weitere schmerzhafte Einschnitte in die Industrielandschaft mit sich. Alteingesessene Firmen verschwanden aus dem Handelsregister; ihre Gebäude – zumeist in den Innenstädten gelegen – wurden abgerissen und machten Neubauten Platz. So hat sich nicht nur das Arbeitsleben im ausgehenden 20. Jahrhundert gewandelt; auch die Stadtbilder erfuhren deutlich sichtbare Änderungen. Vielen Häusern aus der Wilhelminischen Epoche erging es nicht besser; sie wurden oftmals achtlos einem vermeintlichen Modernismus geopfert. Wer die Luftaufnahmen von Lüdinghausen *(siehe oben)*, Oelde *(Seite 268)* und Südlohn *(Seite 269)* betrachtet, wird sich des Wandels mit Wehmut bewußt.

So lange ist's noch gar nicht her: Brauereien und Speditionen erledigten noch bis in die sechziger Jahre hinein manchen Transport mit Pferd und Wagen. Das Foto mit einem Fuhrwerk der Spedition August Peters aus Münster stammt von 1965.

Am 18. Juli 1969 wurde in Essen der Vertrag zur Schaffung der Ruhrkohle AG unterzeichnet. Damit faßten 18 Bergbauunternehmen ihre Betriebe in einer Einheitsgesellschaft zusammen. Wichtigstes Ziel dieser Großfusion war die Anpassung der Produktion an die Markterfordernisse. Wesentlicher Förderer des Zusammenschlusses war die Bundesregierung, die sich auch in finanzieller Hinsicht engagierte. Die seit Ende der fünfziger Jahre herrschende Krise des deutschen Steinkohlebergbaus konnte aber auch mit der Gründung der Ruhrkohle nicht bewältigt, geschweige denn aufgehalten werden. Billiges Öl und vor allem Importkohle aus Übersee setzten den deutschen Zechen gehörig zu. Das Bild zeigt die Vertragsunterzeichnung durch Bundeswirtschaftsminister Karl Schiller. Hinter ihm erkennt man Bundesarbeitsminister Walter Arendt.

⇐ Erst Ende der sechziger Jahre wurde das bundesdeutsche Autobahnnetz in großem Stil ausgebaut. Bis dahin rollte der immer stärker werdende Fernverkehr auf hoffnungslos überlasteten Bundesstraßen, zumeist noch mitten durch Städte und Dörfer hindurch. Zu den großen Vorhaben des Bundesverkehrsministeriums gehörte auch die Autobahn zwischen Frankfurt und dem Ruhrgebiet, kurz Sauerlandlinie genannt. Ein viel bewundertes Bauwerk dieser Trasse war die 1.050 Meter lange und 102 Meter hohe Siegerlandbrücke. Am 24. Oktober 1968 wurde das Bauwerk für den Verkehr freigegeben.

Einer der bedeutendsten Köpfe des deutschen Protestantismus im 20. Jahrhundert war der aus Lippstadt gebürtige Martin Niemöller. Der Geistliche, während des Ersten Weltkriegs Kommandant eines U-Bootes und politisch weit rechts stehend, wandelte sich erst 1934. Obwohl dem Nationalsozialismus anfänglich mit Sympathie gegenüberstehend, durchschaute er bald die kirchenfeindlichen Tendenzen der neuen Machthaber. Niemöller entwickelte sich rasch zum bekanntesten Exponenten des protestantischen Widerstands und wurde 1937 verhaftet. Erst nach dem Ende des Zweiten Weltkriegs wurde er aus Konzentrationslagerhaft befreit. Niemöller gehörte zu den Mitverfassern des Stuttgarter Schuldbekenntnisses und sprach auch seine Kirche nicht von Fehlern frei. Der streitbare Geistliche erregte aber vor allem durch seine Predigten im In- und Ausland beträchtliches Aufsehen. In der Nachkriegsgesellschaft entwickelte sich Niemöller mehr und mehr zum kompromißlosen Kritiker der Wiederbewaffnung wie jeder Wehrpolitik überhaupt. Manche seiner Äußerungen wirkten beleidigend – dies war wohl auch seine Absicht. Niemöller provozierte große Teile der konservativen westdeutschen Öffentlichkeit durch seine Reisen in kommunistische Länder, wo er auch verschiedene Preise annahm. Dabei hatte der streitbare Kirchenmann den Kommunismus stets abgelehnt. Niemöller blieb bis zu seinem Lebensende umstritten; seine Heimatgemeinde Lotte b. Ibbenbüren verweigerte ihm sogar den Ehrenbürgerbrief. Niemöller, am 14. Januar 1892 geboren, starb am 6. März 1982 in Wiesbaden. Das Bild zeigt ihn gestenreich nach seiner Rückkehr von einem Besuch in Nordvietnam am 13. Januar 1967.

Mit Gustav Heinemann wurde 1969 erstmals ein Sozialdemokrat zum Bundespräsidenten berufen. Seine Wahl leitete indirekt auch den politischen Machtwechsel in Bonn von der CDU zur SPD ein. Wenige Monate später löste Willy Brandt Kurt Georg Kiesinger als Bundeskanzler ab. Heinemann, überzeugter Pazifist und von 1933 an einer der führenden Köpfe der Bekennenden Kirche, hatte allerdings erst spät zur SPD gefunden. Nachdem er 1950 aus Verärgerung über die Wiederbewaffnungspläne Adenauers als Bundesinnenminister zurückgetreten war, gab er im November 1952 auch sein CDU-Parteibuch zurück. Die von ihm mitbegründete Gesamtdeutsche Volkspartei, die in einer Neutralitätspolitik der Bundesrepublik die einzige Chance zur Wiedervereinigung erblickte, besaß in der politischen Arena keine Überlebenschance. 1957 trat Heinemann der SPD bei und machte sich vor allem als scharfer Kritiker der Adenauerschen Deutschlandpolitik einen Namen. Als 1966 die Große Koalition gebildet wurde, übernahm Heinemann das Amt des Justizministers. Am 5. März 1969 wurde er mit der knappen Mehrheit von sechs Stimmen zum dritten Bundespräsidenten gewählt. Er verzichtete 1974 auf eine nochmalige Kandidatur und zog sich ins Privatleben zurück. Heinemann war alles andere als ein bequemer Politiker. Mit seinen Denkanstößen und Mahnungen verließ er oft eingefahrene Bahnen. Sein rigoroser Moralismus kam aber der Politik in jenen Jahren sehr zugute. Der Bundespräsident, ein scharfer Gegner des NS-Staates, war auch ein Politiker, der im benachbarten Ausland auf wohlwollendes Interesse stieß. Seine Staatsbesuche in jenen Ländern, die während des Zweiten Weltkriegs von den Deutschen besetzt waren, gerieten zu hochpolitischen Ereignissen. Heinemann, am 23. Juli 1899 in Schwelm geboren, hatte Jura und Volkswirtschaft studiert und sich als Anwalt und Justitiar der Ruhrindustrie einen Namen gemacht. Er starb am 7. Juli 1976 in Essen.

Nach dem Zweiten Weltkrieg gingen die bestimmenden landwirtschaftspolitischen Richtlinien von der EWG aus. Die Landespolitik mußte sich allzuoft mit der Umsetzung der Bestimmungen begnügen. Bei den Bauern stießen sie häufig auf Kritik, da die Brüsseler Beamten die Intensivierung und Steigerung der Produktion favorisierten, einer Politik der Betriebserhaltung aber negativ gegenüberstanden. Denjenigen Bauern, die die teuren Investitionen nicht finanzieren konnten, blieb oftmals nur die Hofaufgabe. Seit 1970 waren in jeder Woche durchschnittlich 55 Betriebe von diesem Schicksal betroffen. Die Folge war eine Verstärkung des die westfälische Landwirtschaft ohnehin schon prägenden Nord-Süd-Gefälles: Während die auf fruchtbaren Böden wirtschaftenden Betriebe im Münsterland, den Kreisen Soest und Unna sowie im Lippischen Land immer größer, moderner und somit auch produktiver wurden, gerieten die kleinen und mittleren Höfe im klimatisch wie bodenmäßig benachteiligten Sauerland und Siegerland weiter ins Hintertreffen. Die Bauern wehrten sich auf zahlreichen und nicht selten von spektakulären Aktionen begleiteten Demonstrationen, deren Leitfigur der streitbare Bauernpräsident Freiherr von Heereman war. Die Fotos stammen von einer Protestkundgebung in Oeding, unmittelbar an der Grenze zu den Niederlanden.

Anfang der 70er Jahre demonstrierten münsterische Studenten für Hochschulautonomie und studentische Mitbestimmung. Unter dem Leitmotiv »Unter den Talaren der Muff von 1000 Jahren« hatten die Studentenproteste in der Bundesrepublik Ende der 60er Jahre ihren Anfang genommen, doch wurden schon damals auch allgemeinpolitische Forderungen erhoben. Die Verdrängung des »Dritten Reiches«, die oppositionslose Zeit der Großen Koalition, der Vietnamkrieg und die Infragestellung des materialistischen Wertekanons der westdeutschen Wiederaufbaugeneration begründeten unter den Heranwachsenden ein drängendes Bedürfnis nach Reformen und Neuorientierung. Nach Willy Brandts Antwort mit dem Slogan »Mehr Demokratie wagen« begaben sich viele »68er« auf den »Marsch durch die Institutionen«.

Nachdem die CDU 1966 die Macht in Düsseldorf verloren hatte, fehlte ihr zunächst ein geeigneter Spitzenkandidat. Der bisherige Ministerpräsident Meyers wollte nicht mehr antreten. Ihr neues Zugpferd fand die Partei 1970 in dem ehemaligen parlamentarischen Geschäftsführer und stellvertretenden Fraktionsvorsitzenden der CDU / CSU im Deutschen Bundestag, Heinrich Köppler. Der 1925 im Rheingau geborene Politiker, der schon in jungen Jahren in der CDU Fuß gefaßt hatte, wurde 1970 in den Düsseldorfer Landtag gewählt. Hier sorgte er durch seine energische Opposition für Aufsehen und zog 1975 in den Wahlkampf. Für die CDU, die sich gegen SPD und FDP kaum Siegeschancen ausrechnete, holte er 46,3 Prozent der Stimmen. Auch fünf Jahre später kandidierte Köppler wieder als Spitzenkandidat. Wenige Wochen vor der Landtagswahl erlitt er einen schweren Herzinfarkt, an dessen Folgen er am 20. April 1980 starb. Der Verlust des auch beim politischen Gegner hochangesehenen Politikers wog um so schwerer, als die CDU bei allen nachfolgenden Landtagswahlen mit ihren Spitzenkandidaten keinen Erfolg hatte. Das Bild zeigt Heinrich Köppler als Spitzenkandidat seiner Partei 1975 vor dem Düsseldorfer Landtag.

Daß Nordrhein-Westfalen vorwiegend von Politikern aus dem rheinischen Landesteil regiert wird, sieht man in Westfalen gar nicht gerne. Aber es gab und gibt natürlich auch Persönlichkeiten aus dieser Region, die dem Land ihren Stempel aufgedrückt haben. Dazu zählt sicherlich Willi Weyer (1917–1987), langjähriger FDP-Landesvorsitzender und Innenminister von NRW. Von 1974 bis 1986 stand er darüber hinaus dem Deutschen Sportbund als Präsident vor.

Wenige Monate vor dem Beginn der Fußballweltmeisterschaft in der Bundesrepublik wurde am 17. April 1974 das Dortmunder Westfalenstadion mit dem Länderspiel Deutschland gegen Ungarn in Betrieb genommen. Im Bild der Wimpelaustausch zwischen den Kapitänen beider Mannschaften, rechts im Bild Franz Beckenbauer.

Daß auch ein Fußballspiel harte Arbeit sein kann, führte Bernhard Dietz vor. Der Bockum-Höveler war ein gelernter Schmied, und nicht wenige meinten, daß er genauso auf dem Fußballplatz agiere – natürlich im positiven Sinne. Er kämpfte bis zur Erschöpfung, gab nie einen Ball verloren. Sein Name ist vor allem mit dem MSV Duisburg verbunden, für den er von 1970 bis 1982 spielte. Die sportlichen Erfolge hielten sich hier leider in Grenzen. 1975 wurde man immerhin Deutscher Vizemeister. Besser lief es mit der Nationalmannschaft, mit der Dietz 1980 in Rom die Europameisterschaft gewann. 1987 beendete Bernhard Dietz seine Spielerlaufbahn.

Beim 100-Meter-Lauf der Olympiade in Montreal 1976 hatte die Deutsche Meisterin in dieser Disziplin (1974, 1976,1979,1980) Annegret Richter wieder einmal die Nase vorn. Mit einem Vorsprung von fünf Hundertstel Sekunden gewann sie Gold – vor Renate Stecher aus der DDR und Richters Mannschaftsgefährtin Inge Helten. Über 200 Meter errang sie die Silbermedaille. Auch in dieser Disziplin war sie mehrfache Deutsche Meisterin (1974, 1976, 1978 bis 1980).

Zu den Sportlern, die den Ruf Westfalens als »Pferdeland« mit grandiosen Erfolgen untermauerten, gehört auch Dr. Reiner Klimke. Der Rechtsanwalt aus Münster verbuchte schon 1960 seinen ersten Erfolg, als er die Deutsche Meisterschaft in der Military gewann. Eine regelrechte Erfolgsserie begann dann 1967. Innerhalb der nächsten gut zwanzig Jahre wurde er neunfacher Deutscher Meister, dreifacher Europameister und zweimal – 1974 und 1982 – Weltmeister in der Einzeldressur. Die Krönung seiner sportlichen Karriere stellte der Gewinn der Goldmedaille bei den Olympischen Spielen in Los Angeles 1984 dar. Das Foto zeigt Reiner Klimke mit seinem »Goldpferd« Ahlerich beim Internationalen Reitturnier in Aachen 1985, von dem er mit dem Europameistertitel zurückkehrt.

Am 3. November 1976 wurde Hendrik Snoek von zwei Männern in seiner Wohnung überfallen und entführt. Für den münsterischen Kaufmann und bekannten Springreiter begann ein drei Tage währendes Martyrium. Angekettet in einem Verlies in einer Autobahnbrücke der Sauerlandlinie bei Herborn, konnte er erst nach fünfzig Stunden durch Hilferufe auf sich aufmerksam machen und befreit werden. Die Täter, die ein hohes Lösegeld erpreßt hatten, wurden später gefaßt.

Hohe Wellen schlug 1977/78 der Vorstoß der Düsseldorfer Landesregierung, die Schullandschaft gehörig umzugestalten. Die in einem SPD-Zukunftsprogramm vorgegebene Zielrichtung, über den Weg von Kooperativen Gesamtschulen zur Integrierten Gesamtschule zu gelangen, ließ Eltern- und Pädagogenverbände aufhorchen. Ziel des SPD-Plans war es, die traditionellen drei Schulformen unter einem Dach in einer Art Schulzentrum zu vereinen und dem Schüler erst in einer Orientierungsstufe in den Klassen 5 und 6 die Wahl über die weitere Schullaufbahn zu überlassen. Schon als die Pläne im Landtag zur Sprache kamen, formierte sich erheblicher Widerstand. Einschränkung des Elternrechts, Einengung der Begabung, Streßsituation in den Klassen 5 und 6, Zerschlagung der Gymnasien und anderes mehr bekamen die Befürworter dieser Schulreform zu hören. Mittlerweile hatte die FDP, die das Papier zunächst unterstützte, angesichts des massiven Protestes einen Rückzieher gemacht und gehörige Nachbesserungen verlangt. Aber auch davon ließ sich die »Anti-Koop-Bewegung« nicht beeindrucken und kündigte ein Volksbegehren an. Das Ergebnis übertraf alle Erwartungen. 20 Prozent der Wahlberechtigten hätten für einen Erfolg ausgereicht; abgestimmt hatten aber fast 30 Prozent. Die Düsseldorfer SPD zog ihr Programm zurück. Das Bild zeigt Gegner der Kooperativen Gesamtschule im münsterländischen Havixbeck.

Die Öffnung der Hochschulen brachte dem Einzelnen mehr Chancengerechtigkeit und der Gesellschaft ein breiteres Bildungsfundament. Gleichwohl warf sie schon in den siebziger Jahren ihre Schatten voraus. Die Hochschuletats vermochten nicht mit den steigenden Studentenzahlen Schritt zu halten, so daß die räumlichen und personellen Kapazitäten der Universitäten bald an ihre Grenzen stießen. In den neunziger Jahren wird allenthalben über eine neue Bildungskatastrophe geklagt. Nie zuvor zwar gab es hierzulande so viele Studenten, doch mahnen die Unternehmen eine bessere und praxisnähere Qualität der Lehre an, um mit erfolgversprechenden Innovationen auf den internationalen Warenmärkten mithalten zu können.

Johannes Paul II. war der erste Papst, der die Diözese Münster besuchte. Am 1. Mai 1987 begrüßte er die Gläubigen auf dem Hindenburgplatz mit den Worten: »Der Nachfolger des Petrus kommt zum Nachfolger des Ludgerus, um Euch im Glauben zu stärken.« Mit knapp einhunderttausend Besuchern wurden die Erwartungen der Organisatoren zwar nicht ganz erfüllt, doch kam der Visite des Heiligen Vaters zweifellos eine historische Bedeutung zu. Während der Fahrt im »Papamobil« über den Prinzipalmarkt jubelte ihm und Bischof Lettmann die Menge zu. Das Bild zeigt Johannes Paul II. beim Gebet am Grab des Kardinals von Galen. Am folgenden Tag reiste er zum niederrheinischen Wallfahrtsort Kevelaer weiter.

Auf historischem Boden verhandelten Bundesaußenminister Genscher und sein sowjetischer Kollege Schewardnadse am 18. Juni 1990 in Münster. Im Rahmen der Gespräche über die Wiedervereinigung Deutschlands und dessen künftige Bündniszugehörigkeit kamen beide Politiker im Rathaus zu Münster zusammen. Der Hinweis auf den Westfälischen Frieden gab dem Treffen eine besondere Note. Genscher und Schewardnadse kamen sich in mehreren Verhandlungspunkten näher. Die Frage der Bündniszugehörigkeit Gesamtdeutschlands blieb jedoch zunächst noch strittig. Das Bild zeigt Schewardnadse bei der Eintragung ins Goldene Buch der Stadt, rechts Oberstadtdirektor Pünder und Oberbürgermeister Twenhöven, links Genscher.

Der Schock von Tschernobyl entfaltete auch in Westfalen seine Wirkung: Nach einer Reihe von Störfällen und langer Debatte über die Strahlungssicherheit wurde der Thoriumhochtemperaturreaktor (THTR) in Hamm-Uentrop am 23. September 1988 abgeschaltet. Der Anteil der politisch umstrittenen Atomenergie am Primärenergieverbrauch ist in Nordrhein-Westfalen mit 0,9 Prozent (1993) verschwindend gering.

Es begann am 19. Dezember 1909 in einer Kneipe am Dortmunder Borsigplatz: 18 Jugendliche der katholischen Dreifaltigkeitsgemeinde gründeten den Ballspielverein Borussia 09. Das Treffen im »Wildschütz« hatte weitreichende Folgen. In den nächsten Jahrzehnten wurde der Verein fünf Mal Deutscher Fußballmeister (1956, 1957, 1963, 1995, 1996), errang 1965/66 den Europa-Pokal der Pokalsieger und krönte 1997 seine Erfolge mit dem Gewinn der Champions League. Der BVB war damit auch offiziell das, was in der Region ohnehin schon jeder wußte: die beste Vereinsmannschaft Europas. Das Bild zeigt einen Zweikampf Stephane Chapuisats gegen Xavier Aguado im UEFA-Cup-Spiel gegen Saragossa am 24. November 1992, das die Schwarz-Gelben mit 3:1 gewannen.

Einer, der die Dortmunder Borussia in den neunziger Jahren auf dem Weg zu ihren größten Erfolgen begleitete, ist Andreas Möller. Der gebürtige Frankfurter hatte schon in den achtziger Jahren für die Dortmunder gekickt und kehrte nach Verpflichtungen bei der Frankfurter Eintracht und bei Juventus Turin 1994 ins Ruhrgebiet zurück. In der Nationalmannschaft, so auch bei der Weltmeisterschaft 1998, enttäuschte Möller jedoch häufig.

Einer der profiliertesten Unternehmer der Nachkriegszeit war der Paderborner Heinz Nixdorf. In einer Kellerwerkstatt im Hause der Rheinisch-Westfälischen Elektrizitätswerke (RWE) hatte sich Nixdorf 1952 selbständig gemacht. Das Startkapital betrug ganze 30.000 Mark. Hier bastelte der technisch Hochbegabte an seinem ersten Abrechnungscomputer. Sechs Jahre später machte er mit den ersten bahnbrechenden Erfindungen auf sich aufmerksam. Der eigentliche unternehmerische Durchbruch gelang Nixdorf, mittlerweile nach Paderborn umgesiedelt, mit dem Kauf der Wanderer-Werke. Mit einem Schlag verfügte er über ein komplettes Vertriebs- und Servicenetz. Mit sicherem Gespür für die Möglichkeiten des Computermarktes konzentrierte er sich nunmehr ausschließlich auf die kleinere und mittlere Datentechnik. Die Entwicklung seines Unternehmens vollzog sich in einem atemberaubenden Tempo. 1982 lag der Weltumsatz bei 2,8 Milliarden Mark. Um die weitere Liquidität seiner Firma zu sichern, mußte Nixdorf allerdings Konzessionen machen. Da verschiedene Partnerschaften mit anderen Unternehmen scheiterten, wandelte er sein Unternehmen in eine Aktiengesellschaft um. Heinz Nixdorf, am 9. April 1925 in Paderborn geboren, starb vollkommen überraschend am 17. März 1986 während der CEBIT-Messe in Hannover an einem Herzinfarkt. Nach seinem Tod geriet die Firma im weltweiten Kampf um Marktanteile ins Hintertreffen. Das Unternehmen ging später in den Besitz von Siemens über.

Mit Planungsvorstellung von vorgestern werden die modernen Vertriebsprobleme der Gegenwart nicht gelöst. Vor allem bei der Bewältigung der Verkehrs- und Transportprobleme sind neue Lösungsvorschläge gefragt. Zu einem der führenden Anbieter auf diesem Sektor hat sich die in Greven beheimatete Firma Fiege entwickelt. Ihre bundesweit verteilten Logistikzentren sorgen für den reibungslosen Vertrieb unzähliger Warenströme. Das als kleine Fuhrunternehmen 1873 gegründete Haus zählt heute zu den führenden Dienstleistern in Deutschland. 1998 entstand auf dem Gelände der ehemaligen Zeche Fürst Hardenberg, einer Teilfläche des dezentralen Güterverteilerzentrums östliches Ruhrgebiet das »Fiege Warendienstleistungszentrum« (WDZ) Dortmund mit einer Nutzfläche von 90.000 Quadratmetern. Dort sollen jährlich etwa drei Millionen Reifen, ca. 20.000 am Tag, in den Handel in ganz Deutschland innerhalb von 24 bis 48 Stunden ausgeliefert werden. Fiege schuf hiermit zugleich 500 Arbeitsplätze. Im Bild der »Fiege RailRunner« vor dem bekannten Malakowturm.

Am 16. März 1998 wird das Ende einer Ära eingeläutet: Johannes Rau kündigt für Juni seinen Rücktritt vom Amt des nordrhein-westfälischen Ministerpräsidenten an, das er seit 1978 innehat. Der 1931 in Wuppertal geborene Politiker hinterläßt seinem designierten Nachfolger Wolfgang Clement ein Land, das während seiner zwei Jahrzehnte währenden Regierungszeit auf dem Wege des wirtschaftlichen Strukturwandels wesentliche Schritte nach vorn gemacht hat und durch eine dramatisch gewachsene Bildungslandschaft gekennzeichnet ist. Dabei blieb der persönliche Stil des »Bruder Johannes« immer auf Versöhnung und Konsens gerichtet. Die Bevölkerung dankte es ihm mit drei absoluten Mehrheiten (Landtagswahlen von 1980, 1985, 1990). Am 27. Mai 1998 wurde Wolfgang Clement zum neuen Ministerpräsidenten gewählt.

Chronik 1815 bis 1998

1814:
Preußische und russische Truppen vertreiben die Franzosen aus dem Münsterland.

1815:
In Westfalen wird, wie im übrigen Preußen, die allgemeine Wehrpflicht eingeführt.
Am 30. April unterzeichnet der preußische König Friedrich Wilhelm III. auf dem Wiener Kongreß die »Verordnung wegen verbesserter Einrichtung der Provinzialbehörden«. Dies ist die Geburtsstunde der Provinz Westfalen.
Am 25. Mai ernennt Friedrich Wilhelm III. den bisherigen Zivilgouverneur Ludwig Freiherr von Vincke zum ersten Oberpräsidenten und damit höchsten Beamten der Provinz Westfalen.
Am 21. Juni ergreift Friedrich Wilhelm III. feierlich Besitz von den ihm auf dem Wiener Kongreß zugesprochenen westfälischen Gebieten.
Am 18. Oktober werden in Münster die westfälischen Stände auf den preußischen König vereidigt. Bei dieser Erbhuldigung schwören Adel und Abgesandte der Verwaltung einen Treueeid.

1816:
Oberpräsident von Vincke beauftragt den münsterischen Oberkonsistorialrat Bernhard Christoph Ludwig Natorp mit dem Neuaufbau des westfälischen Schulwesens.
Am 20. Januar erscheint die erste Nummer des Amtsblatts für die Provinz Westfalen in einer Auflage von 8.000 Exemplaren. Mit dem 1. August erhält jeder der drei westfälischen Regierungsbezirke ein eigenes Amtsblatt. Darin sind alle Gesetze und Verordnungen der Behörden enthalten.
Am 15. Juli wird das Herzogtum Westfalen im Rathaus in Arnsberg feierlich in die Provinz Westfalen aufgenommen.
Ende Juli nehmen die Behörden der drei Regierungsbezirke Arnsberg, Minden und Münster ihre Arbeit auf.
Am 17. Oktober schließen das Königreich Preußen und das Herzogtum Nassau einen Tauschvertrag ab. Hierdurch fällt der Kreis Siegen an die Provinz Westfalen. Preußen gibt die Grafschaft Katzenelnbogen ab.

1817:
Am 3. Juni wird die Ordensstifterin Pauline von Mallinckrodt, die »Mutter der Blinden«, in Minden geboren.
Mit dem 1. Juli wird das Fürstentum Nassau-Siegen mit Westfalen vereinigt.

1818:
Am 28. Oktober erwerben Friedrich Harkort und Heinrich Kamp die alte Burg in Wetter an der Ruhr und errichten hier die erste mechanische Werkstätte des später so genannten Ruhrgebiets.

1819:
Münster wird Militärstützpunkt und erhält ein Armeekorps mit mehreren Regimentern.
Mit dem 1. April gelten in Westfalen preußische Maß- und Gewichtseinheiten.
Am 17. Juni wird in Bielefeld Hermann Delius, 1854 Gründer der Ravensberger Spinnerei, geboren.

1820:
Der Fabrikant Friedrich Harkort richtet für seine Arbeiter betriebliche Kranken- und Invaliditätskassen ein. Er betreibt zudem die Gründung von Konsumvereinen.
Adolf Diesterweg übernimmt in Moers die Leitung eines der ersten Lehrerseminare Preußens.
Heinrich Wilhelm v. Horn, Held der Befreiungskriege, wird Kommandierender General in Münster.

1821:
Am 12. Juni wird Louis Baare in Minden geboren, von 1854 bis 1895 Vorstandsvorsitzender des Bochumer Vereins.

1822:
Vom 27. Februar datieren die Statuten der Liedertafel in Münster, des nach Berlin zweitältesten Männergesangvereins in Deutschland.
Am 29. Mai wird Albert von Maybach, einer der westfälischen Wegbereiter des Eisenbahnwesens, auf Haus Abdinghof bei Werne geboren.

1823:
Mit der Einführung der Provinzialstände erhalten die preußischen Provinzen ein eingeschränktes Mitspracherecht. Gesetzesinitiative können sie aber nicht ergreifen.

1824:
Vom 27. März datiert das Gesetz zur Einberufung der Provinzialstände der Provinz Westfalen.
Am 19. Juli wird der »Verein für Geschichte und Altertumskunde Westfalens«, der für die Erforschung

der westfälischen Geschichte und Kunst eine maßgebliche Rolle spielt, gegründet.

1825:
Friedrich Harkort weist auf die Vorteile des Schienenverkehrs hin, 10 Jahre vor der Einweihung der ersten deutschen Eisenbahnstrecke.
Am 2. April öffnet in Soest die erste Sparkasse in Westfalen.
Am 20. Oktober wird auf Schloß Herringhausen bei Lippstadt Burghard Freiherr von Schorlemer, der spätere westfälische »Bauernkönig«, geboren.

1826:
In Münster wird der erste Westfälische Provinziallandtag eröffnet.
In Rödinghausen entsteht das erste Walzwerk.

1827:
Am 1. Januar wird die erste der fünf großen Staatschausseen Westfalens dem Verkehr übergeben. Es ist die Strecke von Minden über Wiedenbrück, Erwitte, Meschede, Olpe in Richtung Koblenz.
In Warendorf wird das Königliche Landgestüt errichtet.
Verabschiedung der Kreisordnung für Westfalen.

1828:
Am 20. Juni wird in Schwerte Theodor Fleitmann, Begründer der deutschen Nickelindustrie, geboren.

1829:
Am 28. August wird in Witten der Industrielle und Politiker Louis Berger geboren.
Nach der Errichtung von zwölf Schleusen ist die Lippe auf der 182 Kilometer langen Strecke von Wesel über Dorsten nach Lippstadt durchgehend schiffbar.

1830:
Am 1. April wird in Münster eine der ersten Berufsschulen Preußens gegründet.
Die Schiffbarmachung der Ruhr wird beendet.

1831:
Am 8. Januar wird in Münster der Westfälische Kunstverein gegründet, der sich durch seine Sammlertätigkeit um die Rettung bedeutender Werke westfälischer Kunst verdient gemacht hat.
Am 6. März wird auf Haus Mark bei Tecklenburg Friedrich von Bodelschwingh, der Begründer der Bethelschen Anstalten in Bielefeld, geboren.
Am 17. März wird die Revidierte Städteordnung für die Provinz Westfalen erlassen. Sie findet allerdings nur in ganz wenigen Städten Anwendung.
Auf Schloß Cappenberg bei Lünen stirbt am 29. Juni der preußische Staatsmann Karl Reichsfreiherr vom und zum Stein.Das Schloß hatte er einst gegen Besitz in Posen eingetauscht.

1832:
Am 5. Januar nimmt die Westfälische Provinzialhilfskasse ihren Geschäftsbetrieb auf. Am 4. März 1890 wird sie in die Landesbank von Westfalen umgewandelt.

1833:
Gründung der ältesten Karnevalsgesellschaft Münsters, der KG Freudenthal. Sie zählt zugleich zu den ältesten Westfalens.

1835:
Am 17. Januar wird bei Herbern im Kreis Lüdinghausen der letzte Wolf Westfalens erlegt.
Der aus Münster stammende Clemens August Freiherr Droste zu Vischering wird zum Erzbischof von Köln berufen.

1836:
Am 12. September stirbt in seiner Heimatstadt Detmold der Dramatiker, Schauspieler und Anwalt Christian Dietrich Grabbe. Sein Werk ist heute größtenteils vergessen.

1837:
Mit dem 1. Januar nimmt die für die gesamte Provinz Westfalen zuständige Provinzialfeuersozietät ihre Arbeit auf.
Der Kölner Mischehenstreit sorgt in den katholischen Gebieten Preußens für erheblichen Wirbel. Der Kölner Erzbischof Freiherr Droste zu Vischering wird abgesetzt und in der Festung Minden interniert.

1838:
Annette von Droste-Hülshoff bringt 41jährig ihre erste Gedichtsammlung im münsterischen Verlag Aschendorff heraus.

1840:
Todesjahr von Friedrich Wilhelm III. Friedrich Wilhelm IV. wird neuer König.
Am 10. August wird Theodor Adolf von Möller auf dem Kupferhammer bei Brackwede geboren. Die von ihm 1881 gegründete Aktiengesellschaft für Kohledestillation in Gelsenkirchen-Bulmke ist das erste deutsche Großunternehmen für Koksbereitung mit Gewinnung der Nebenprodukte.

1843:
Am 26. Februar wird Nikolaus Dürkopp in Herford

geboren. Der erfolgreiche Erfinder und Fabrikant der Nähmaschinen- und Fahrradindustrie schuf als Automobilfabrikant Spezialfahrzeuge von Weltruf.
Gründung der Köln-Mindener Eisenbahn.

1844:
Am 2. Dezember stirbt Ludwig Freiherr von Vincke, erster Oberpräsident der Provinz Westfalen, in Münster.

1845:
Am 13. März beschließt der Westfälische Provinziallandtag die Gründung der Provinzial-Blindenanstalt mit einer katholischen Abteilung in Paderborn und einer evangelischen in Soest.
Am 19. Oktober stirbt Clemens August Freiherr Droste zu Vischering, ehemals Erzbischof von Köln.

1846:
Am 6. März erhält die Münster-Hammer-Eisenbahngesellschaft von der preußischen Regierung die Genehmigung zum Bau einer Bahn von Münster nach Hamm. Damit erhält Münster Anschluß an die Köln-Mindener Linie.

1847:
Der preußische Oberbergrat Karl Freiherr von Oeynhausen entdeckt in der Gemeinde Rehme eine Thermalquelle.
Am 15. Mai wird das erste Teilstück der Köln-Mindener Eisenbahn auf westfälischem Boden von Duisburg über Altenessen nach Wanne, Herne, Mengede und Dortmund und von hier aus nach Hamm dem Verkehr übergeben.
Einberufung des Vereinigten Landtags in Berlin.

1848:
Ausbruch der Revolution. In Westfalen kommt es im März, auch aufgrund der schlechten Ernährungslage, zu zahlreichen Demonstrationen.
Am 24. Mai stirbt in Meersburg am Bodensee die bekannte Dichterin Annette von Droste-Hülshoff.
Am 26. Mai wird die Eisenbahnstrecke von Münster nach Hamm in Betrieb genommen.
Im Herbst wird Münster zum Zentrum des linken Widerstands gegen die Berliner Regierung.

1849:
Bei den Wahlen zum preußischen Landtag gewinnt die Linke auch in Westfalen die meisten Mandate.
Am 18. Mai wird die quer durch Westfalen verlaufende Telegrafenstrecke zwischen Berlin und Köln eröffnet.
Im Mai wird der Aufstand der Landwehr in Iserlohn blutig niedergeschlagen.
Bei den ersten, nach dem sogenannten Dreiklassenwahlrecht durchgeführten Wahlen zum preußischen Abgeordnetenhaus geben im Mai in Preußen 34,4 Prozent der Wahlberechtigten ihre Stimme ab, in Westfalen knapp 12 Prozent.

1850:
Am 10. Januar wird die Bahnstrecke von Hamm nach Paderborn fertiggestellt.

1851:
Am 16. März wird in Hanemicke im Kreis Olpe der katholische Theologe, Sozialwissenschaftler und Politiker Franz Hitze geboren.

1852:
Am 21. September werden im Bistum Münster die Kolpingvereine gegründet.
Eduard Hüffer gründet den im Verlag Aschendorff erscheinenden »Münsterischen Anzeiger«, später eine der führenden Zentrumszeitungen im Land.
In Münster findet der Deutsche Katholikentag statt.

1854:
Gründung der Ravensberger Spinnerei in Bielefeld.
Gründung des Bochumer Vereins für Bergbau und Gußstahlfabrikation.

1855:
Mit dem 1. Januar nimmt die Dortmund-Soester Eisenbahn ihren Betrieb auf.
Bei den Wahlen zum preußischen Abgeordnetenhaus geben in der gesamten Monarchie nur 16 Prozent der Wahlberechtigten ihre Stimme ab. In der Provinz Westfalen sind es nur 8,3 Prozent.

1856:
Am 17. März beginnt der Ire Mulvany mit dem ersten Spatenstich den Bau der Schachtanlage »Hibernia« in Gelsenkirchen. Mulvany, der nur Iren beschäftigt, ist auch der Gründer der Zechen Erin und Shamrock in Herne.
Am 20. April wird die Dortmund-Hörder-Eisenhüttengesellschaft gegründet.
Am 23. Juni nimmt die Bahnstrecke Münster–Rheine–Emden ihren Betrieb auf.

1858:
Am 1. April wird in Schwelm Johannes Springorum geboren, seit 1905 Generaldirektor der Hoesch-Werke in Dortmund, einer der führenden Repräsentanten der deutschen Stahlindustrie.
Am 29. November findet die Gründungsversammlung des Vereins für die bergbaulichen Interessen im Oberbergamtsbezirk Dortmund statt. Einer der

Initiatoren des Vereins ist der spätere nationalliberale Reichstagsabgeordnete Friedrich Hammacher.

1861:
Am 2. Januar stirbt in Potsdam Friedrich Wilhelm IV. Wilhelm I. wird Nachfolger seines gestorbenen Bruders.
Am 17. März wird in Gelsenkirchen die erste Volksbank Westfalens gegründet.

1862:
Die Bergisch-Märkische Eisenbahn verbindet die wichtigsten Kohlestandorte.
Am 6. Januar wird der Industrielle August Oetker in Oberkirchen geboren.
Am 19. September wird der westfälische Dichter und Schriftsteller Augustin Wibbelt in Vorhelm bei Beckum geboren.
Am 24. September wird Otto von Bismarck zum preußischen Ministerpräsidenten ernannt.

1863:
In Leipzig gründet Ferdinand Lasalle den Allgemeinen Deutschen Arbeiterverein (ADAV).

1864:
Im Juni wird im Hörder Bergwerks- und Hüttenverein zum erstenmal in Deutschland Flußeisen (im Gegensatz zu dem im Puddelverfahren gewonnenen Schweißeisen) hergestellt.
Ausbruch des deutsch-dänischen Krieges.

1865:
Am 2. Oktober wird in Münster der Maler und Buchgestalter Melchior Lechter geboren. Der in seinen jungen Jahren durch den Jugendstil geprägte Künstler wird vor allem als Formgeber der Bücher des George-Kreises bekannt.

1866:
Am 21. August wird durch den Ankauf des Hofes Steinkamp der Grund zu den Bethelschen Anstalten in Bielefeld gelegt. Die Provinz Westfalen und der Regierungsbezirk Minden fördern das Vorhaben nachhaltig.
Nach der Niederlage Österreichs bei Königgrätz übernimmt Preußen die Vormachtstellung in Deutschland. Im katholischen Westfalen ist man über diese Entwicklung nicht glücklich.

1867:
Unter Führung Preußens wird der Norddeutsche Bund gegründet, dem alle deutsche Staaten nördlich der Mainlinie angehören. Nach der Annexion Hannovers haben die beiden Westprovinzen Rheinland und Westfalen nunmehr direkten Anschluß an das altpreußische Staatsgebiet.

1868:
Am 20. November wird in Oelde August Euler, erster deutscher Luftpilot, geboren.

1869:
Wilhelm Liebknecht und August Bebel gründen in Eisenach die Sozialdemokratische Arbeiterpartei (SAP).
Am 5. April wird in Lüdinghausen der niederdeutsche Dichter Karl Wagenfeld geboren.

1870:
Am 1. Januar werden die Eisenbahnlinien Wesel–Haltern und Köln–Münster eröffnet.
Am 12. Mai stirbt in Berlin Benedikt Waldeck, einer der führenden preußischen Parlamentarier zwischen 48er Revolution und Reichsgründung von 1871.
Am 19. Juli bricht der deutsch-französische Krieg aus.

1871:
Am 17. Januar wird der preußische König Wilhelm I. zum Deutschen Kaiser ausgerufen.
Am 1. September wird die Bahnstrecke von Münster nach Osnabrück eröffnet.
Am 30. November lösen sich die örtlichen Bauernvereine auf und schließen sich unter Federführung des Burghard von Schorlemer-Alst (1821–1895) zum Westfälischen Bauernverein zusammen.

1872:
Am 16. Mai wird in Münster Bernhard Pankok, namhafter Vertreter einer naturnahen Landschafts- und Bildnismalerei, geboren.
Ausbruch des Kulturkampfes zwischen dem preußischen Staat und der katholischen Kirche.

1873:
Erlaß der »Maigesetze«, die den Handlungsspielraum der katholischen Kirche erheblich einschränken.
Am 19. September wird in Leopoldsthal in Lippe Fritz Husemann geboren. Als 1. Vorsitzender des Bergarbeiterverbandes ist er während der Ruhrbesetzung 1923/24 die treibende Kraft des passiven Widerstands.

1874:
Am 16. Februar gründet der Professor für Naturkunde in Münster, Dr. Hermann Landois, den dortigen Zoologischen Garten. Dieser wird am 26. Juni des folgenden Jahres feierlich eröffnet.

Am 15. April wird in Hagen Karl Ernst Osthaus, bedeutender Sammler und Förderer der modernen Kunst, geboren. Seine umfangreichen Sammlungen bilden den Grundstock für das Museum Folkwang in Essen.
Wegen Nichtbeachtung der sogenannten Kulturkampfgesetze wird der Bischof von Münster, Bernhard Brinkmann, zu mehreren Geldstrafen verurteilt.

1875:
Der Allgemeine Deutsche Arbeiterverein (ADAV) und die Sozialdemokratische Arbeiterpartei (SAP) schließen sich in Gotha zur Sozialistischen Arbeiterpartei Deutschlands (SAP) zusammen.
Am 1. Juni wird in Herford der SPD-Politiker und preußische Innenminister Carl Severing geboren.
Am 16. August wird das von dem Bildhauer Ernst von Bandel auf der Höhe des Teutoburger Waldes errichtete Hermannsdenkmal eingeweiht. An der Feier nimmt auch Kaiser Wilhelm I. teil.
Am 20. August übersiedeln die letzten Patres des Franziskanerklosters in Warendorf nach Holland, nachdem sie aufgrund der »Maigesetze« von 1873 aus Preußen ausgewiesen wurden.
Wegen Nichtbefolgung verschiedener Gesetze wird Bischof Brinkmann von Münster zu einer 40tägigen Haft verurteilt. Da sich der Kirchenfürst weigert, sein Amt niederzulegen, wird gegen ihn ein Enthebungsverfahren eingeleitet. Der Bischof begibt sich daraufhin ins Exil nach Holland.

1876:
Bischof Brinkmann von Münster wird abgesetzt. Die Verwaltung des Bistums übernimmt ein protestantischer Bergrat aus Schlesien. Im Münsterland häufen sich daraufhin die Proteste.

1877:
Am 1. Mai nimmt der Westfälische Kohleausfuhrverein, in dem 24 Zechen zusammengeschlossen sind, seine Arbeit auf. Er besteht bis 1894.
Am 13. Juli stirbt in Burghausen in Oberbayern der aus Münster gebürtige Bischof von Mainz, Wilhelm Emanuel Freiherr von Ketteler.
Bei der Reichstagswahl wählen im Regierungsbezirk Münster über 80 Prozent der Wahlberechtigten die katholische Zentrumspartei.

1879:
Mit dem 1. Oktober tritt innerhalb der Provinz Westfalen eine neue Gerichtsverfassung in Kraft. Dem Oberlandesgericht in Hamm sind neun Landgerichte untergeordnet. Die bisherigen Kreisgerichte werden in Amtsgerichte umgewandelt.

1881:
Der preußische Innenminister genehmigt der Provinz Westfalen die Führung eines eigenen Wappens, ein steigendes silbernes Pferd in rotem Schild, kurz Westfalenroß genannt.

1882:
Am 31. März beschließt der Westfälische Provinziallandtag den Bau eines Provinzialmuseums. Das Landesmuseum in Münster wird aber erst 1908 eingeweiht. Der Altbau wurde 1997/98 einer umfassenden Renovierung unterzogen.

1883:
Am 31. Januar wird in Herford Hermann Höpker-Aschoff geboren, preußischer Finanzminister und erster Präsident des Bundesverfassungsgerichts in Karlsruhe.

1884:
Der »Deutsche Radfahrerbund« (DRB) wird gegründet.

1885:
Am 25. November wird in Münster der Zentrumspolitiker Heinrich Brüning, von 1930 bis 1932 Reichskanzler, geboren.

1886:
Mit Ausnahme der Jesuiten kehren die während der Kulturkampfs ausgewiesenen Orden wieder nach Münster zurück.

1887:
Am 3. Januar wird in Meschede August Macke, einer der bedeutendsten Maler der klassischen Moderne, geboren.

1888:
Am 19. März wird in Bottrop der Maler Josef Albers geboren.

1889:
Am 7. April wird in Arrode bei Bielefeld der Maler und Grafiker Peter August Böckstiegel geboren. Er ist als Vertreter eines westfälisch geprägten Expressionismus hervorgetreten.
Im Mai erschüttert ein schwerer Streik das Ruhrgebiet.
Am 3. Juli stirbt Wilhelm Hasenclever aus Arnsberg, einer der bekanntesten Vertreter der Sozialdemokratie im Bismarckreich.
Am 20. Oktober wird der Verband zur Wahrung und Förderung der bergmännischen Interessen in Rheinland und Westfalen gegründet. Es ist die erste gro-

ße Bergarbeiterorganisation. Sie geht in dem 1890 mit Sitz in Bochum gegründeten Verband der deutschen Bergleute auf. 1894 kommt der Gewerkverein christlicher Bergarbeiter hinzu.

1890:
Am 4. März nimmt die Landesbank von Westfalen, vormals Provinzialhilfskasse, ihre Arbeit auf.
Am 13. März wird in Siegen der Dirigent Fritz Busch geboren.
Am 20. März entläßt Kaiser Wilhelm II. den preußischen Ministerpräsidenten und Reichskanzler Otto von Bismarck.
Am 1. Juli wird in Bochum der Allgemeine Knappschaftsverein gegründet.
Am 1. Oktober wird die Krankenanstalt Bergmannsheil in Bochum eröffnet.
Wegen Abwanderung der Transporte auf die Schiene wird die Ruhrschiffahrt eingestellt.

1891:
Am 27. Januar wird in Soest der Maler Wilhelm Morgner geboren.
Am 16. Juni wird in Münster das Provinzialmuseum für Naturkunde eröffnet.
Am 31. Dezember umfaßt das gesamte Schienennetz der Eisenbahn in der Provinz Westfalen eine Länge von 2.308 Kilometern.

1892:
Baubeginn des Dortmund-Ems-Kanals. Die Wirtschaft verspricht sich neue Absatzmärkte.

1893:
Am 9. Februar wird die Aktiengesellschaft Rheinisch-Westfälisches Kohlensyndikat mit dem vorläufigen Sitz in Bochum, später in Essen, gegründet.
Am 5. April stirbt Wilhelm Lübke, Wegbereiter der westfälischen Kunstgeschichte.

1894:
Am 14. Oktober wird in Enkhausen Heinrich Lübke, zweiter Präsident der Bundesrepublik Deutschland, geboren.
In Bochum wird der Bund der Polen in Deutschland gegründet.
In verschiedenen Städten des Ruhrgebiets nehmen elektrische Eisenbahnen den Personenverkehr auf.

1895:
In Recklinghausen erscheint mit der »Recklinghäuser Zeitung« die erste Tageszeitung im Vest.
Otto von Bismarck bekennt vor 3.000 Westfalen in Hamburg, die sich zu einer Huldigung versammelt haben, daß es vor allem westfälische Politiker gewesen seien, die ihm das Leben besonders schwer gemacht hätten.
In Dortmund, der größten Stadt in Westfalen, leben 111.000 Menschen.

1896:
Franz Hitze und Ludwig Windthorst gründen den Volksverein für das katholische Deutschland. Er widmet sich der Schulung nichtakademisch ausgebildeter Angestellter und Arbeiter.
Am 18. Oktober wird das Kaiser-Wilhelm-Denkmal an der Porta Westfalica eingeweiht.

1897:
Am 26. Juli wird das Gesetz über die Einrichtung von Handwerkskammern erlassen, die in den ersten Apriltagen des Jahres 1900 in Münster, Dortmund, Bielefeld, Arnsberg und Detmold gegründet werden.
Am 17. August wird in Münster der Westfälisch-Lippische Genossenschaftsverband gegründet.

1898:
Am 30. Juli stirbt Otto von Bismarck. In den katholischen Landesteilen Westfalens hält sich die Trauer in Grenzen.
Die Kanalschleuse in Münster wird eröffnet.
Gründung der Schuhfabrik Steinhoff & Sudhoff in Ahlen.

1899:
Am 25. März wird ein Dampfkessel-Überwachungsverein für die Zechen im Oberbergamtsbezirk Dortmund gegründet. Aus ihm entwickelt sich später der TÜV.
Am 11. August erfolgt die Einweihung des Dortmund-Ems-Kanals durch Kaiser Wilhelm II. und damit auch die Inbetriebnahme des Schiffshebewerks Henrichenburg.

1900:
Auf der Weltausstellung in Paris wird das Bier der Dortmunder Aktienbrauerei mit einer Goldmedaille ausgezeichnet.
Am 7. Juli stirbt in Hamm Adalbert Falk, zuletzt dort als Präsident des Oberlandesgerichts tätig. Er war jener preußische Kultusminister, der während des Kulturkampfes mit besonderer Schärfe gegen Katholiken vorgegangen war.

1901:
Am 1. April wird Recklinghausen kreisfreie Stadt.
Am 12. Oktober wird in Münster das neuerrichtete Landeshaus feierlich eingeweiht. Bis dahin befand sich die Provinzialverwaltung im Ständehaus am

dortigen Domplatz. Letzteres hatte dem Neubau des Landesmuseums weichen müssen.

1902:
Am 1. Juli Erhebung der münsterischen Akademie zu einer Volluniversität.
Der Maler Bernhard Pankok wird als Lehrer an die Staatliche Kunstgewerbeschule in Münster berufen.
Auf der Hohensyburg unweit von Dortmund wird ein imposantes Denkmal zu Ehren von Kaiser Wilhelm I. aufgestellt.

1903:
Durch Eingemeindungen erhöht sich die Einwohnerzahl Münsters von 70.000 auf 77.000 Einwohner.
Am 12. Juli wird in Hagen das von Karl Ernst Osthaus gegründete Museum Folkwang eröffnet.
Durch Eingemeindungen – u. a. Schalke, Bulmke, Bismarck – wird Gelsenkirchen mit 138.000 Einwohnern Großstadt.

1904:
Am 4. Mai wird der Fußballverein FC Schalke 04 gegründet.
In Dortmund eröffnet das Kaufhaus Althoff, eines der modernsten seiner Zeit.
In Münster wird der Grundstein zum Bau der Universitätsbibliothek gelegt.

1905:
Im Januar erschüttert ein großer Bergarbeiterstreik das Ruhrgebiet. Die Arbeiter verlangen vor allem bessere Arbeitsbedingungen sowie die Festsetzung von Minimallöhnen. Nach vier Wochen wird der Ausstand abgebrochen.
Am 13. April erfolgt der erste Spatenstich zur Errichtung der Zeche Radbod bei Hamm.
Die Einwohnerzahl Dortmunds steigt auf 176.000.
Am 22. September wird in Altenbögge der Maler Fritz Winter geboren.

1906:
Zu den wenigen Universitäten Deutschlands, an denen das Studienfach Zahnmedizin angeboten wird, gehört Münster.
Der Hörder Bergwerks- und Hüttenverein und die Phoenix Aktiengesellschaft für Bergbau und Hüttenbetrieb in Dortmund fusionieren.

1907:
Die aus Münster gebürtige Bildhauerin Elisabeth Ney stirbt am 25. Juni.
Am 22. August erhält die Universität zu Münster den Namen »Westfälische Wilhelms-Universität«, nach dem Namen Kaiser Wilhelms II.

1908:
Todesjahr des preußischen Wissenschaftsorganisators Friedrich Althoff.
Am 22. Januar schließen sich angesichts zahlreicher Streiks die Zechen des Ruhrgebiets zu einem Arbeitgeberverband zusammen.
Am 17. März wird das am Domplatz in Münster gelegene Westfälische Landesmuseum für Kunst und Kulturgeschichte eröffnet.

1909:
Am 1. Februar beginnt die Abteufung der Zeche Westfalen in Ahlen.
Am 1. August erhält Wetter die Stadtrechte.
In Münster startet erstmals ein Freiluftballon.
Am 19. Dezember wird in Dortmund der Ballspiel-Verein Borussia gegründet.

1910:
Am 2. April stirbt Pfarrer Friedrich von Bodelschwingh.
Am 10. August besucht Kaiser Wilhelm II. die Stadt Schwerte. Anlaß sind die Feiern des 300. Jahrestags der Zugehörigkeit der Grafschaft Mark zu Preußen.

1911:
Am 8. Dezember stellt der Billerbecker Josef Suwelack einen Weltrekord im Passagierdauerflug auf: vier Stunden und 34 Minuten. Der Pilot fällt im Ersten Weltkrieg.
Ende Februar erhält die Gemeinde Buer Stadtrechte und scheidet aus dem Kreis Recklinghausen aus.
Am 5. Oktober wird das Stadttheater in Hagen eröffnet.
Bei einem Brand wird die spätgotische Martinikirche in Münster weitgehend zerstört.

1912:
Im März treten im Ruhrgebiet fast 200.000 Bergarbeiter in den Streik. Ihre Forderung nach Lohnerhöhung können sie nicht durchsetzen.
Zum großen Sieg der Sozialdemokratie bei den Reichstagswahlen 1912 tragen auch die westfälischen Wahlbezirke bei.

1913:
Die Möhnetalsperre wird fertiggestellt.
Am 5. Juni wird der Ruhrtalsperrenverband, der seit dem 1. April 1899 als private Selbsthilfeorganisation bestanden hatte, durch das Ruhrtalsperrengesetz zu einer Körperschaft des öffentlichen Rechts erhoben.

1914:
Am 17. Juli wird der Rhein-Herne-Kanal eröffnet.
Am 1. August beginnt der Erste Weltkrieg.

Am 22. September versenkt der Kommandant Otto Weddigen aus Herford mit seinem Unterseeboot U 29 drei englische Panzerkreuzer.
Am 26. September fällt in einem Gefecht an der Westfront der Maler August Macke.
Am 27. September fällt der Kriegsfreiwillige Hermann Löns in Frankreich. Er ist vor allem durch seine naturnahen Erzählungen bekannt geworden.
Mit Kriegsbeginn geht die Industrieproduktion im Ruhrgebiet schlagartig zurück.

1915:
Am 15. Februar wird der Ems-Weser-Kanal von Bevergern bis Minden mit einem Zweigkanal nach Osnabrück dem Verkehr übergeben.
Im März findet Otto Weddigen mit der gesamten Mannschaft in U 29 den Tod.
Anregung zur Gründung des Westfälischen Heimatbundes durch Augustin Wibbelt und Karl Wagenfeld.
Führende Vertreter der rheinisch-westfälischen Industrie setzen sich für umfangreiche Annexionen auf Kosten Frankreichs ein.
Am 21. Dezember wird Münster von einer gewaltigen Detonation erschüttert. 30.000 Kilogramm Pulver fliegen in die Luft.

1916:
Angesichts der Kartoffelknappheit werden in Westfalen Kartoffelkarten eingeführt.
Die Lebensmittelverknappung führt im Ruhrgebiet zu ersten Streiks.
Von den rund 2.000 Studenten der münsterischen Universität stehen mehr als 85 Prozent im Felde.
Anstelle der eingezogenen Männer übernehmen mehr und mehr Frauen Arbeiten in der Industrie.

1917:
In ganz Westfalen wird die Steckrübe im vierten Kriegswinter zu einem der Hauptnahrungsmittel. In den Zeitungen erscheinen zahlreiche Rezepte zur Zubereitung.
Im Münsterland werden die ersten Glocken für die Rüstungsindustrie eingeschmolzen.
Im Ruhrgebiet nimmt die Zahl der jugendlichen Bergarbeiter unter 16 Jahren dramatisch zu.
In Hagen wird am 16. Februar Willi Weyer, langjähriger nordrhein-westfälischer Innenminister, geboren.

1918:
Der spätere Papst Pius XII. besucht als Nuntius in Deutschland ein Kriegsgefangenenlager bei Münster.
Am 29. Oktober beginnen Matrosen in Kiel und Wilhelmshaven die sogenannte Novemberrevolution.
Am 9. November dankt Kaiser Wilhelm II. ab und begibt sich einen Tag später ins Exil nach Doorn in Holland. Er kehrt nicht mehr nach Deutschland zurück.
Nach der Abdankung des Kaisers konstituieren sich im Ruhrgebiet in vielen Städten Arbeiter- und Soldatenräte.

1919:
Am 19. Januar enden die Wahlen zur Verfassunggebenden Deutschen Nationalversammlung mit einem Sieg der republikanischen Parteien.
Am 30 März beschließen Abgesandte von 195 Zechen in Essen die Gründung einer Allgemeinen Bergarbeiter Union.
Am 31. März wird über das Ruhrgebiet der Belagerungszustand verhängt. Am Tag danach streiken mehr als 200.000 Arbeiter.
In Münster sorgt eine akademische Wehr für Ruhe und Ordnung in der Stadt.
Die Umstellung der Kriegs- auf die Friedenswirtschaft läßt die Arbeitslosigkeit in Westfalen ansteigen.

1920:
27. Januar: Zum Schutz der Gesundheit ergeht eine Verordnung des Reichsarbeitsministers zur Minimierung der Staubentwicklung bei Bleiverbindungen.
Am 13. März marschieren Freikorpstruppen in Berlin ein. Im Ruhrgebiet kommt es zu spontanen Arbeitsniederlegungen und Demonstrationen.
Am 17. März besetzen Verbände der »Roten-Ruhr-Armee« mit annähernd 20.000 Mann Dortmund. Bei Straßenkämpfen verlieren über 70 Menschen ihr Leben.
Am 2. April bevollmächtigt die Reichsregierung die Reichswehr, ins Ruhrgebiet einzumarschieren.

1921:
Am 3. September wird der Sauerländische Heimatbund gegründet.
Nach Inkrafttreten des Versailler Vertrages und der Bildung eines eigenen polnischen Staates haben mehr als 150.000 Polen das Ruhrgebiet verlassen.

1923:
Am 9. Januar wird, kurz vor der erwarteten Besetzung des Ruhrgebiets durch französische und belgische Truppen, der passive Widerstand beschlossen.
Im Januar besetzen belgische und französische Truppen das Gebiet zwischen Lippe, Ruhr und Lünen sowie die Städte Essen, Gelsenkirchen, Bochum, Witten und andere Orte.
Am 16. März besetzen rund 2.000 französische Soldaten die Innenstadt von Dortmund.

Inflation! Am 9. Juni kostet ein Ei 800 Mark, am 2. Dezember 320 Milliarden Mark.

1924:
Am 10. April stirbt der Industrielle Hugo Stinnes.
Am 10. September nimmt in Münster die Westdeutsche Funkstunde AG, Vorläufer des Westdeutschen Rundfunks, ihren regelmäßigen Sendebetrieb auf.
Reichspräsident Ebert besucht zum Verfassungstag Münster.

1925:
Am 1. Januar werden die Vereinigten Elektrizitätswerke von Westfalen (VEW) gegründet.
Fertigstellung der Universitätskliniken in Münster.
Eröffnung der Dortmunder Westfalenhalle.
Im August Ende der Ruhrgebietsbesetzung.
Am 1. November wird erstmals ein Fußballspiel über den Hörfunk übertragen. Reporter Bernhard Ernst berichtet aus dem Preußenstadion in Münster.

1926:
4. März: Start des ersten Sechstagerennens in der Dortmunder Westfalenhalle.
Am 11. Oktober wird die Aktiengesellschaft für Kohleverwertung, ab 1929 Ruhrgas AG genannt, gegründet. Die moderne Druckvergasungsanlage in Hervest-Dorsten gilt als größtes Gaswerk Europas.
In Münster wird die Halle Münsterland eröffnet.

1927:
Gründung des Westfälischen Volksliederarchivs.

1928:
Am 1. April verlieren 22 Gemeinden im Umkreis von Dortmund ihre Selbständigkeit und werden nach Dortmund eingemeindet. Dazu gehört auch die Stadt Hörde.
Am 18. Oktober wird als letzte der von Münster ausgehenden Eisenbahnstrecken die direkte Verbindung der Provinzialhauptstadt mit Dortmund in Betrieb genommen.

1929:
Am 1. Juni nimmt in Dortmund die Pädagogische Akademie ihre Arbeit auf.
In Recklinghausen wird die Trabrennbahn eröffnet.

1930:
In Münster findet der Deutsche Katholikentag statt. Erstmals ist auch der Rundfunk dabei.
Im März wird der aus Münster gebürtige Dr. Heinrich Brüning zum Reichskanzler ernannt.
Bei den Reichstagswahlen gewinnt die NSDAP auch in Westfalen neue Wähler.

1931:
Am 1. Juni wird der Wesel-Datteln-Kanal in Betrieb genommen.
Münster wird Gauhauptstadt des Gaues Westfalen-Nord der NSDAP.
Die 1929 ausbrechende Weltwirtschaftskrise läßt die Zahl der Arbeitslosen in Westfalen stark ansteigen.
Im Ruhrgebiet werden viele Arbeitslose Wohlfahrtsempfänger.

1932:
Die Philosophin Edith Stein wird an das münsterische Institut für wissenschaftliche Pädagogik berufen.
Bei den Reichstagswahlen im Juli und November dieses Jahres kann die KPD ihren Stimmenanteil im Ruhrgebiet erheblich ausbauen. In einigen Wahlkreisen ist jedoch die NSDAP die stärkste Partei. Sie erringt inzwischen auch in ländlichen Wahlkreisen, die früher vom Zentrum beherrscht wurden, mehr und mehr Stimmen.

1933:
Am 30. Januar ernennt Reichspräsident von Hindenburg Hitler zum Reichskanzler.
Der 1. Mai wird von den Nationalsozialisten zum Feiertag erklärt.
NSDAP-Gauleiter Dr. Alfred Meyer wird Präsident des Westfälischen Provinziallandtags in Münster.
Am 5. September wird Clemens August Graf von Galen zum Bischof von Münster ernannt.
Im September Gründung des »Winterhilfswerks des deutschen Volkes« durch die Nationalsozialisten.

1934:
Am 1. Juli wird der Leiter der Sturmabteilungen (SA) Ernst Julius Röhm auf Befehl Hitlers erschossen. Sein Nachfolger wird Viktor Lutze aus Bevergern im Kreis Tecklenburg.
Zum neuen Wehrkreiskommandanten mit Sitz in Münster wird Generalleutnant Günther von Kluge ernannt. Im Zusammenhang mit dem Attentat auf Hitler am 20. Juli 1944 begeht er Selbstmord.
Mit einem 2:1 Sieg über den 1. FC Nürnberg wird der FC Schalke 04 Deutscher Fußballmeister.

1935:
Demonstrativ nehmen in Münster über 3.000 Gläubige an der Großen Prozession teil. Die örtliche NSDAP sieht darin zu Recht einen Protest gegen das Regime. Bischof Galen hatte als erster Oberhirte die Gottlosigkeit des Nationalsozialismus erkannt.
Im Konzentrationslager Esterwegen stirbt am 15. April Fritz Husemann, bedeutender Gewerkschafter und Reichstagsabgeordneter der SPD.

In Gelsenkirchen wird eine Anlage für die Kohleverflüssigung in Betrieb genommen.
Schalke 04 wird wieder Deutscher Fußballmeister.

1936:
Datteln, Herten und Marl erhalten das Stadtrecht.
Recklinghausen begeht mit zahlreichen Feierlichkeiten den 700. Jahrestag der Stadtgründung.
Die gesamte deutsche Jugend wird in der »Hitlerjugend« (HJ) zusammengefaßt.

1937:
Am 17. Dezember wird die erste Teilstrecke der Autobahn mit dem Abschnitt Oberhausen-Recklinghausen eröffnet und damit gleichzeitig die gesamte Strecke Siegburg-Köln-Ruhrgebiet-Recklinghausen.
Schalke 04 erringt erstmals die Deutsche Fußballmeisterschaft und gleichzeitig den Deutschen Fußballpokal.

1938:
Am 7. November Attentat des Herschel Grünspan auf den deutschen Diplomaten Ernst vom Rath in Paris.
Am 9. November Zerstörung fast aller Synagogen Westfalens in der sogenannten »Reichskristallnacht«.
Am 12. November wird das Autobahnteilstück von Recklinghausen nach Gütersloh eröffnet.
Hitler genehmigt persönlich die Pläne zur Umgestaltung der Gauhauptstadt Münster.

1939:
1. September: Beginn des Zweiten Weltkrieges.
Am 10. Dezember wird dem münsterischen Pathologen Prof. Dr. Gerhard Domagk der Nobelpreis für Medizin verliehen.
Mit einem Sieg über Admira Wien wird Schalke 04 zum vierten Mal Deutscher Fußballmeister.
Der bekannte Ruhrindustrielle Fritz Thyssen verweigert Hitler die Gefolgschaft und spricht sich gegen einen Krieg aus. Er flieht in die Schweiz.

1940:
Münster zählt im Mai zu den ersten deutschen Städten, auf die britische Bomben fallen. Die Bevölkerung ist sich des Ernstes der Lage aber in keiner Weise bewußt.
Im Mai ist erstmals das Ruhrgebiet Ziel alliierter Luftangriffe. Dabei wird auch das Hydrierwerk in Gelsenkirchen getroffen.
Bei einem Luftangriff auf den Raum Münster Mitte August wird der wichtige Kanalübergang bei Gelmer getroffen. Der Dortmund-Ems-Kanal läuft auf einer Länge von sechs Kilometern aus. Die Schäden sind erstaunlich schnell behoben.

1941:
Am 13. Juli, 20. Juli und 3. August predigt der Bischof von Münster, Graf Galen, gegen Willkür und Euthanasie.
Die Verschleppung der letzten in Münster noch verbliebenen Juden beginnt.
Das Ruhrgebiet sieht sich jetzt permanenten Luftangriffen ausgesetzt.

1942:
Am 20. Januar Wannseekonferenz über die planmäßige Vernichtung der europäischen Juden.
Im August stirbt die Philosophin Edith Stein im Konzentrationslager Auschwitz.

1943:
Am 10. März stirbt der Maler Otto Modersohn, Mitbegründer der Künstlerkolonie Worpswede bei Bremen.
Am 3. April fordert eine Schlagwetterexplosion auf der Zeche Sachsen in Heessen 169 Tote.
Am 5. Mai kommen bei dem bis dahin schwersten Bombenangriff auf Dortmund 683 Menschen ums Leben. Über 1.000 werden verletzt, nahezu 40.000 obdachlos. Das historische Rathaus, die Propsteikirche und die Stadtbibliothek werden zerstört.
Am 17. Mai zerstören britische Lancaster-Bomber die Möhnetalsperre.
Am 9. August stirbt in Münster der bekannte katholische Theologe und Prediger, Professor Dr. Adolf Donders.
Am 6. Oktober wird bei einem Luftangriff auf Dortmund die Westfalenhalle zerstört.
Am 10. Oktober werden beim ersten Tagesangriff auf eine deutsche Großstadt weite Teile der münsterischen Altstadt zerstört.

1944:
Am 6. Juni Invasion der alliierten Truppen in der Normandie.
Am 20. Juli Attentat auf Hitler.
Im September unterzeichnen Roosevelt und Churchill den später nicht umgesetzten Morgenthau-Plan.
Alle Männer von 16 bis 60 werden zum »Volkssturm« eingezogen.
Am 28. Oktober wird das Rathaus von Münster durch Bomben zerstört.

1945:
Am 27. März werden große Teile der Paderborner Innenstadt durch einen Bombenangriff zerstört.
Am 3. April nehmen amerikanische Einheiten Münster ein.
Am 8. Mai kapituliert das Deutsche Reich.
Am 2. Juni ernennt die britische Militärregierung

Bernhard Salzmann zum Landeshauptmann von Westfalen und damit zum Leiter der Provinzialverwaltung.
Am 5. Juni übernehmen die Siegermächte mit der Berliner Erklärung die Regierungsgewalt in Deutschland.
Der vor 1933 amtierende Regierungspräsident von Münster, Rudolf Amelunxen, wird gleichfalls am 5. Juni von der britischen Militärregierung zum Oberpräsidenten und damit höchsten Beamten der Provinz Westfalen berufen. Seiner Regierung ist indes kein langes Leben beschieden.

1946:
Am 22. März stirbt nach kurzer, schwerer Krankheit der münsterische Bischof, Clemens August Kardinal Graf von Galen. Wenige Wochen zuvor, am 18. Februar, war er ins Kardinalskollegium berufen worden.
Am 26. März wird in dem Plan für Reparationen des Alliierten Kontrollrats die deutsche Nachkriegswirtschaft festgelegt. Damit kann die seit Kriegsende bestehende Gefahr einer Abtrennung des Ruhrgebiets von Deutschland als gebannt angesehen werden.
Am 17. Juli gibt der Oberkommandierende der britischen Streitkräfte in Deutschland, Sir Sholto Douglas, die Verfügung über die Bildung des Landes Nordrhein-Westfalen mit dem Sitz der Regierung in Düsseldorf bekannt. Erster Ministerpräsident wird Rudolf Amelunxen.
Am 21. August tagt in Bielefeld ein dreitägiger Gewerkschaftskongreß für die Britische Zone. 295 bisher bestehende Einzelgewerkschaften werden in 15 Industriegewerkschaften zusammengefaßt.
Am 23. August tritt die Verordnung Nr. 46 des britischen Oberbefehlshabers in Deutschland über die Bildung des Landes Nordrhein-Westfalen in Kraft.

1947:
Vom 21. Januar datiert die Verordnung Nr. 77 der britischen Militärregierung, nach welcher das Land Lippe dem Land Nordrhein-Westfalen zugewiesen wird.
Am 25. Januar wird die im Vorjahr ins Leben gerufene Nordwestdeutsche Musikakademie in Detmold in eine Staatliche Hochschule des Landes Nordrhein-Westfalen umgewandelt.
Am 2. März tagt auf der Hohensyburg bei Dortmund die Vertreterversammlung der westfälischen Stadt- und Landkreise zum Schutz der westfälischen Selbstverwaltung.
Am 20. April findet die erste Landtagswahl in Nordrhein-Westfalen statt. Die meisten Stimmen erhält die CDU. Ministerpräsident wird Karl Arnold.
Im Oktober beginnt die Demontage deutscher Industriebetriebe.
In Westfalen leben 567.000 Flüchtlinge.

1948:
Am 15. Januar beginnen in Düsseldorf Beratungen über die Verbesserung der Ernährungslage.
Am 24. Juli wird der im Zweiten Weltkrieg schwer beschädigte Dom von Paderborn neu geweiht.
Im September tritt in Bonn der Parlamentarische Rat zwecks Ausarbeitung einer Verfassung zusammen.
Am 24. Oktober feiert Münster den 300. Jahrestag des Westfälischen Friedens.

1949:
Am 18. Februar kann nach vierjährigen Instandsetzungsarbeiten die am 4. April 1945 gesprengte Kanalüberführung über die Weser in Minden wieder in Betrieb genommen werden.
Am 6. Mai wird Recklinghausen Großstadt.
Am 14. August findet die erste Bundestagswahl statt. Überraschender Sieger wird die CDU. Die SPD hat sich mit ihren kirchenfeindlichen Äußerungen keinen Gefallen getan.
Am 1. September wird in Bochum der 73. Deutsche Katholikentag eröffnet.
Am 20. September Eröffnungssitzung des ersten Deutschen Bundestages.

1950:
Am 16. Mai legt die Alliierte Hohe Kommission den Rahmen der Entflechtung der Schwerindustrie fest.
Am 6. Juni wird die Verfassung für das Land Nordrhein-Westfalen angenommen.
Am 9. Juli Grundsteinlegung zum Wiederaufbau des Rathauses von Münster.
Am 11. Juli tritt die nordrhein-westfälische Landesverfassung in Kraft.

1951:
Der Westfale Hermann Höpker-Aschoff wird erster Präsident des Bundesverfassungsgerichts.
Mit 5.311 immatrikulierten Studenten ist die Westfälische Wilhelms-Universität die viertgrößte Hochschule in Deutschland. Sie ist zu dieser Zeit die einzige Universität Westfalens.

1952:
Heinz Nixdorf baut seinen ersten Abrechnungscomputer.
Am 15. Juni wird der Unternehmensverband Ruhrbergbau gegründet.

1953:
Der Landtag von Nordrhein-Westfalen verabschie-

det am 12. Mai die Landschaftsverbandsordnung zur Errichtung der Landschaftsverbände Rheinland und Westfalen.
Am 23. September Wiedereröffnung des im Krieg zerstörten Bochumer Schauspielhauses.

1954:
Im März stirbt die Frauenrechtlerin Gertrud Bäumer.
Ende März tritt der in Westfalen außerordentlich beliebte Landeshauptmann Bernhard Salzmann in den Ruhestand. Sein Nachfolger wird Anton Köchling und nennt sich nunmehr Direktor des Landschaftsverbandes Westfalen-Lippe.
Am 17. Mai wird der Grundstein zum Bau des Theaters in Münster gelegt.

1955:
Am 9. Oktober trifft in Friedland der erste größere Heimkehrerzug aus der UdSSR ein: 602 Mann.
Der Stadtbücherei Münster wird in jenem Jahr eine Blindenbücherei angegliedert. Sie ist die zweite ihrer Art in Deutschland und versorgt die Blinden des gesamten Landes Nordrhein-Westfalen mit entsprechenden Büchern.

1956:
Am 26. Februar wird das neue Stadttheater in Münster eröffnet. Die ausgesprochen moderne Konzeption des Hauses löst weit über die Grenzen der Stadt Zustimmung aus.
Am 3. Juni wird die im Zweiten Weltkrieg zerstörte Reinoldikirche in Dortmund eingeweiht.
Am 13. Oktober wird der im Zweiten Weltkrieg zerstörte Paulus-Dom in Münster eingeweiht.
Am 27. Oktober wird die Kreuzung der beiden Autobahnstrecken vom Ruhrgebiet nach Hannover und die von Köln kommende Hansalinie fertiggestellt. Das Kamener Kreuz gehört zu den verkehrsreichsten Knotenpunkten der Bundesrepublik.

1957:
Am 23. Juni wird Borussia Dortmund Deutscher Fußball-Meister. Die Mannschaft besiegt den Hamburger SV mit 4:1 Toren.
Am 20. Juli wird im Stadtgebiet Dortmund ein Teil des Ruhrschnellwegs dem Verkehr übergeben.
Am 4. Oktober empfängt der Ingenieur Heinz Kaminski Funksignale des russischen Sputnik.
Am 21. November wird Dr. Franz Hengsbach zum ersten Bischof des neu gebildeten Ruhrbistums Essen ernannt.

1958:
Der FC Schalke 04 wird deutscher Fußballmeister. Die Mannschaft besiegt am 18. Mai den Hamburger SV mit 3:0 Toren.
Billiges Öl aus den Golfstaaten und Importkohle lösen in Deutschland die erste Kohlenkrise aus.
Am 30. Oktober in Münster Übergabe des von der Kaufmannschaft wiederaufgebauten Rathauses an die Stadt.

1959:
Am 11. Februar stirbt in Münster der populäre ehemalige Landeshauptmann von Westfalen, Bernhard Salzmann.
Am 2. April wird der ausgebaute Dortmund-Ems-Kanal dem Verkehr übergeben. Er ist nunmehr von Dortmund bis Emden für vollbeladene 1.000-Tonnen-Schiffe mit einem Tiefgang von 2,50 Meter befahrbar.
Am 1. Juli wird der aus dem Sauerland stammende Heinrich Lübke zum Nachfolger von Theodor Heuss als Bundespräsident gewählt.

1960:
Am 30. Juli wird der Naturpark Arnsberger Wald ins Leben gerufen.
Bei den Olympischen Sommerspielen in Rom gewinnt der schon seit vielen Jahren erfolgreiche Warendorfer Hans Günter Winkler im Mannschafts-Jagdspringen eine Goldmedaille.
Zu den frühen Städtepartnerschaften gehört die Verbindung Münsters mit Orleans. Am 24. September wird ein entsprechender Vertrag unterzeichnet.

1961:
Im Endspiel um die Deutsche Fußball-Meisterschaft unterliegt Borussia Dortmund dem 1. FC Nürnberg mit 0:3 Toren.
Am 7. November stirbt Michael Keller, seit 1947 Bischof von Münster, der zu den einflußreichsten Oberhirten des deutschen Episkopates gehörte.
Der Kulturpreis der Stadt Dortmund wird erstmals verliehen. Preisträgerin ist die Schriftstellerin Nelly Sachs.

1962:
Am 8. März kommen bei einer Schlagwetterexplosion auf der Zeche Sachsen in Heessen 31 Bergleute ums Leben.
Oktober: Eröffnung eines neuen Opel-Werkes in Bochum nach einer Bauzeit von nur 25 Monaten.
Harald Norpoth aus Telgte wird zum ersten Mal Deutscher Meister über 1.500 Meter.

1963:
15. Oktober: Nach 14jähriger Amtszeit als Bundeskanzler tritt Konrad Adenauer zurück. Nachfolger

wird der populäre Wirtschaftsminister Ludwig Erhard.
Am 18. November wird das zwischen den Dortmunder Anschlußstellen Brackel und Sölde gelegene letzte Teilstück des vierspurigen Ruhrschnellwegs eröffnet.
Veröffentlichung des Romans »Irrlicht und Feuer« von Max von der Grün.

1964:
Am 30. Mai wird auf der Bochumer Zeche Carolinenglück die letzte Schicht gefahren.
In Marl wird erstmals der Adolf-Grimme-Preis des Deutschen Volkshochschulverbandes vergeben
In Recklinghausen findet unter dem Namen »Vestisches Gitarrenfestival« das erste deutsche Beatfest statt. Sieger ist die Gelsenkirchener Rockgruppe »Blue Flames«.

1965:
Am 11. Juli wird das Haus der Ruhrfestspiele in Recklinghausen eingeweiht.
Am 9. September wird das Teilstück der Bundesautobahn Hansalinie von Kamen nach Münster eröffnet.

1966:
Als erste deutsche Mannschaft gewinnt Borussia Dortmund am 5. Mai den Fußball-Europa-Pokal der Pokalsieger durch einen sensationellen 2:1 Sieg gegen den FC Liverpool
Bei der Fußball-Weltmeisterschaft in England gelingt dem Dortmunder Borussen Lothar Emmerich im Spiel gegen Spanien ein sogenanntes Jahrhunderttor.
Bei der Landtagswahl am 10. Juli erringt die SPD 49,5 Prozent der Stimmen. Die CDU erreicht nur noch 42,8 Prozent. Ministerpräsident Meyers setzt zwar seine Regierung mit der FDP fort, im Dezember bricht die Koalition jedoch auseinander. Neuer Ministerpräsident wird mit Hilfe der FDP Heinz Kühn von der SPD.
Zum 1. Oktober schließen sich die Hoesch AG und die Dortmund-Hörder-Hüttenunion zusammen.

1967:
In der Metallindustrie tritt die 40-Stunden-Woche bei vollem Lohnausgleich in Kraft.
Die im Nordosten Dortmunds gelegene Trabantenstadt Scharnhorst feiert am 10. Oktober Richtfest.
Als erster deutscher Radprofi nach dem Krieg gewinnt der Dortmunder Dieter Kemper das Sechstagerennen in der Westfalenhalle.
Die Bergbaukrise führt zu einem deutlichen Bevölkerungsrückgang im gesamten Ruhrgebiet. Innerhalb eines Jahres haben etwa 135.000 Menschen das Revier verlassen.

1968:
Am 11. Mai protestieren 14.000 Menschen in der Dortmunder Westfalenhalle gegen die sogenannte Notstandsgesetzgebung.
Am 14. November wird das letzte Teilstück der Bundesautobahn Hansalinie von Münster-Süd nach Neuenkirchen in Niedersachsen von Bundesverkehrsminister Georg Leber für den Verkehr freigegeben.
Am 16. Dezember wird die Universität Dortmund eröffnet.

1969:
Am 5. März wird mit dem aus Schwelm gebürtigen Gustav Heinemann erstmals ein Sozialdemokrat Bundespräsident.
Am 25. April wird in Dortmund die Bundesgartenschau eröffnet.
Am 18. Juli wird die Ruhrkohle AG, Dachverband der Steinkohlenförderung des Ruhrgebiets, gegründet.

1970:
Am 21. April wird die VEBA Kraftwerke Ruhr mit Sitz in Essen gegründet
Am 30. April stirbt in Amerika der ehemalige Reichskanzler Dr. Heinrich Brüning.
Am 5. September treten 12.000 Stahlarbeiter der Dortmunder Westfalenhütte in den Streik. Zu ihren Forderungen gehört auch eine Lohnerhöhung von 30 Pfennigen in der Stunde.

1971:
Anfang Juni werden die ersten Meldungen über Bestechungen im Fußball bekannt. Dabei fallen die Namen von Schalke 04 und Arminia Bielefeld.
Am 1. August werden in Bochum, Dortmund und Hagen Fachhochschulen gegründet.
Am 14. August steigt der VFL Bochum in die Fußballbundesliga auf.

1972:
Am 14. Januar fusioniert die Hoesch AG mit dem niederländischen Konzern Hoogovens.
Am 4. Juni wird gegen vier Spieler des FC Schalke 04 Anklage wegen Bestechlichkeit erhoben.
Am 1. Juli fusioniert die Dortmunder Union-Brauerei mit der Berliner Schultheiss-Brauerei.

1973:
Am 1. Mai wird das Westfälische Freilichtmuseum Technischer Kulturdenkmale in Hagen eröffnet.

Am 1. Mai nimmt in Dortmund die Zentralstelle für die Vergabe von Studienplätzen ihre Arbeit auf.
Am 4. August wird das Gelsenkirchener Parkstadion eingeweiht.
In Münster wird eine Drogenberatungsstelle, eine der ersten in Nordrhein-Westfalen, eingerichtet.

1974:
Am 2. April wird das Dortmunder Westfalenstadion eröffnet. Wegen der Nähe zum Spielgeschehen erfreut es sich großer Beliebtheit.
In Münster wird der »Allwetterzoo«, modernster Tierpark in Europa, eröffnet.
Am Ende des Jahres wird die Bundesbahndirektion Münster aufgelöst.

1975:
Am 30. September wird vor dem Landgericht in Essen der Prozeß im Bestechungsskandal des FC Schalke 04 eröffnet.
Am 4. Oktober beginnt der Studienbetrieb an der Fernuniversität Hagen.

1976:
Am 9. Januar verurteilt das Landgericht Essen acht Spieler des FC Schalke 04 zu Geldstrafen. Vier Spieler werden daraufhin vom DFB gesperrt.
Bei der Olympiade in Montreal wird Annegret Richter Olympiasiegerin über 100 Meter. Der Dressurreiter Dr. Reiner Klimke erringt eine Gold- und eine Bronzemedaille.
Am 3. November wird der münsterische Kaufmann und bekannte Springreiter Hendrik Snoek entführt und nach Zahlung eines hohen Lösegeldes nach drei Tagen befreit. Die Täter werden später gefaßt.

1977:
Die in Münster eröffnete Skulpturenausstellung sorgt für Gesprächsstoff weit über die Grenzen der Bundesrepublik hinaus.
Am 25. Juni wird Johannes Rau in einer Kampfabstimmung gegen Arbeitsminister Friedhelm Farthmann zum Vorsitzenden der nordrhein-westfälischen SPD gewählt.

1978:
Am 1. März zieht die Landesregierung den umstrittenen Gesetzentwurf über eine »Kooperative Schule« zurück.
In Münster beginnen die Bauarbeiten für das neue Naturkundemuseum des Landschaftsverbandes Westfalen-Lippe.

1979:
Am 8. und 9. Mai findet auf Initiative von Johannes Rau die Ruhrgebietskonferenz in Castrop-Rauxel statt. Anschließend arbeitet die Landesregierung das »Aktionsprogramm Ruhrgebiet« aus, dessen Ziel es ist, den Strukturwandel ohne allzu große Sozialbrüche voranzubringen.
Am 21. Juli wird das Bochumer Ruhrstadion eingeweiht.
Am 16. September stirbt Heinrich Tenhumberg, seit 1969 Bischof von Münster.

1980:
Neuer Bischof von Münster wird Dr. Reinhard Lettmann.
In diesem Jahr begeht die Universität Münster den 200. Jahrestag ihrer Gründung.
Am 23. April wird in Dortmund der sogenannte Jahrhundertvertrag zwischen den Vereinigten Deutschen Elektrizitätswerken und dem Gesamtverband der deutschen Steinkohle geschlossen.

1981:
Am 16. November spricht das Landgericht Münster den früheren Chef der Westdeutschen Landesbank, Ludwig Poullain, vom Vorwurf der Bestechlichkeit frei.
Der bekannte amerikanische Historiker Gordon A. Craig, Professor in Stanford, erhält am 7. November den Historikerpreis der Stadt Münster.

1982:
Das Großklinikum der Universität Münster, eines der modernsten seiner Art in Deutschland, nimmt seinen Betrieb auf. Der Einzugsbereich der Klinik reicht sogar bis weit nach Niedersachsen hinein.
Im November beschließen die Aktionäre der Hoesch AG die Auflösung der »Stahlehe« mit der niederländischen Hoogovens.

1983:
Im April läuft in Bochum der fünfmillionste Opel vom Band.
Anfang Mai nimmt die Privatuniversität in Witten-Herdecke ihren Betrieb auf.

1984:
Bei den Olympischen Spielen in Los Angeles gewinnt Dr. Reiner Klimke auf seinem »Goldpferd« Ahlerich die Goldmedaille in der Einzeldressur.
Das Ruhrgebiet bewirbt sich für die Ausrichtung der Olympischen Sommerspiele 1996.
Ende Juni schließt die traditionsreiche Germania-Brauerei in Münster. Produktion und Vertrieb gehen an die Brau und Brunnen AG in Dortmund.
In der Universitätfrauenklinik Münster wird im Juni das vierte Retortenbaby in der BRD geboren.

1985:
Im Ruhrgebiet wird erstmals Smogalarm der Stufe III ausgerufen.
Mit 52,1 Prozent verteidigt die SPD bei der Landtagswahl ihre absolute Mehrheit.
In Artikel 29a der Landesverfassung wird der Umweltschutz zum Staatsziel erklärt.
Am 1. Juni läuft in Dortmund ein Kabelpilotprojekt an, bei dem im Rahmen eines Modellversuchs lokale Hörfunk- und Fernsehprogramme gesendet werden.

1986:
Zusammenschluß der rheinischen und westfälischen Landesverbände der CDU.
Um seine Interessen in Brüssel besser vertreten zu können, richtet NRW dort ein eigenes Büro ein.
Mit einem Stiftungskapital von zehn Millionen Mark wird zum 40. Jahrestags der Gründung des Landes Nordrhein-Westfalen die »Nordrhein-Westfalen-Stiftung« ins Leben gerufen.
Mit 180 Schülern entwickelt sich die Fachschule für Textiltechnik in Bocholt immer mehr zu einer Nachwuchsschmiede für den textilen Facharbeiterberuf der Region.
Der Bocholter Hermann Buschfort, Bundesvorsitzender der Arbeiterwohlfahrt und SPD-Bundestagsabgeordneter, wird zum Präsidenten der Bundesarbeitsgemeinschaft der Freien Wohlfahrtspflege gewählt.

1987:
Am 1. Mai besucht Johannes Paul II. als erster Papst die Diözese Münster.
Im Landesrundfunkgesetz wird der Privatfunk zugelassen.
Im Dezember protestieren Tausende Stahlarbeiter im gesamten Revier gegen die Schließung des Krupp-Stahlwerks in Duisburg-Rheinhausen mit seinen mehr als 5.000 Arbeitsplätzen. Die Stillegung wird aufgeschoben.
Jürgen W. Möllemann, FDP-Politiker aus Münster, wird Bundesbildungsminister.

1988:
Am 23. September wird der Thoriumhochtemperaturreaktor (THTR) in Hamm-Uentrop abgeschaltet.
Hormonskandal in der münsterländischen Landwirtschaft. Kälber wurden mit muskelbildenden Hormonen gefüttert. 4.200 Tiere werden notgeschlachtet, 60.000 vorläufig beschlagnahmt.

1989:
Nach dem Fall der Mauer in Berlin am 9. November besuchen viele Einwohner der DDR Nordrhein-Westfalen. Auch hier kommt es zu bewegenden Wiedersehensfeiern.
Dem Fußballklub SC Preußen Münster, der 1963 zu den Gründungsmitgliedern der Fußball-Bundesliga gehört, gelingt der Aufstieg in die 2. Liga.

1990:
Zum dritten Mal in Folge erreicht die SPD die absolute Mehrheit bei der Landtagswahl. Erstmals kommen die Grünen in das Düsseldorfer Parlament.
18. Juni: Bundesaußenminister Genscher und sein sowjetischer Kollege Schewardnadse verhandeln in Münster über das weitere Vorgehen auf dem Weg zur Wiedervereinigung Deutschlands.
Das Konzept »Natur 2000« sieht die Anlage von 12 Kulturlandschaften und eines landesweiten Biotopverbundes vor.
Die Landesregierung tritt der Versammlung der Regionen Europas (VRE) bei, um im Rahmen des Konzepts eines »Europas der Regionen« ihr landespolitisches Gewicht zu wahren.
Am 27. November wird ein Abkommen zwischen den Ländern Nordrhein-Westfalen und Brandenburg über eine enge Zusammenarbeit geschlossen. Zahlreiche Landesbeamte und sich rüstig fühlende Pensionäre unterstützen Verwaltung und Justiz beim Aufbau.

1991:
Im Dezember strahlt die ARD die letzte Folge mit dem »Tatort-Kommissar« Horst Schimanski alias Götz George aus. Die Fernsehreihe brachte Duisburg und dem Ruhrgebiet viele Sympathien ein.

1992:
Im März stirbt wenige Wochen nach seinem 80. Geburtstag Heinz Kühn, von 1966 bis 1978 Ministerpräsident von Nordrhein-Westfalen.
Mit der Gelsenkirchener Fachhochschule wird die fünfzigste nordrhein-westfälische Hochschule gegründet.
Bei einem Unglück auf der Zeche »Haus Aden« in Bergkamen sterben sechs Bergleute.
Ein Erdbeben der Stärke 5,8 auf der Richterskala erschreckt am 13. April die Bewohner in Nordrhein-Westfalen. Die Erdstöße fordern eine Tote sowie über 70 Verletzte. Das Beben verursacht außerdem Schäden in Millionenhöhe.
Am 10. September tritt Hermann Heinemann als NRW-Sozialminister zurück.

1993:
Die deutsche Wirtschaft steckt in der tiefsten Krise seit Kriegsende. Stark betroffen ist auch Nordrhein-

Westfalen, wo vor allem die Stahlindustrie unter einer schweren Absatzkrise leidet.
Nach dem Rücktritt Björn Engholms von allen Parteiämtern Anfang Mai springt NRW-Ministerpräsident Johannes Rau als SPD-Chef ein. Die Führungskrise der Partei wird im Juni mit der Wahl Rudolf Scharpings zum Vorsitzenden beendet.
Mit mehr als 500 Veranstaltungen feiert Münster ein großes Jubeljahr: Die Stadt wird 1.200 Jahre alt.

1994:
Im Januar schafft die Landesregierung die noch auf die britische Besatzungsmacht zurückgehende kommunale Doppelspitze ab. Künftig lenkt ein hauptamtlicher Rats- und Verwaltungschef die Geschicke einer Gemeinde oder einer Stadt.
Das Münsterland wird politisch bunter. Zwar behauptet die CDU ihre regional dominierende Stellung, doch kommen in der Stadt Münster und im Kreis Steinfurt rot-grüne Mehrheiten ans Ruder.
Am 9. Mai stirbt der ehemalige Bergmann und Vorsitzende des Deutschen Gewerkschaftsbundes Heinz-Werner Meyer.
Das Bundesverfassungsgericht erklärt den seit 1980 erhobenen »Kohlepfennig«, der zuletzt bei acht Prozent des Strompreises lag, für verfassungswidrig. Die Kohlevorrangpolitik der Landesregierung erleidet damit eine empfindliche Schlappe.
Im Dezember wird nach Niedersachsen und Mecklenburg-Vorpommern auch Westfalen von der Schweinepest heimgesucht. In Everswinkel müssen 170 Tiere getötet werden.

1995:
Nach 15 Jahren Alleinregierung verliert die SPD bei der Landtagswahl die absolute Mehrheit. Am 6. Juli wird Johannes Rau zum Ministerpräsidenten einer rot-grünen Koalitionsregierung gewählt.
Am 17. Juni wird Borussia Dortmund Deutscher Fußballmeister. Den letzten nationalen Titel holte sich der Verein 1963.
Claire Marienfeld, CDU-Bundestagsabgeordnete aus Detmold, wird zur Wehrbeauftragten berufen. Sie ist die erste Frau in diesem Amt.

1996:
Der Flughafen Münster-Osnabrück befindet sich im Aufwind. Anfang Dezember wird der millionste Fluggast des Jahres begrüßt.
Am 22. März erhält der Gütersloher Komponist Hans Werner Henze den Droste-Preis des Landschaftsverbandes Westfalen-Lippe.
Am 6. Juni stürzt nahe der Autobahn 45 bei Dortmund ein Hubschrauber der Bundeswehr ab. Ein riskantes Manöver kostet 13 Menschen das Leben.
Am 3. Juli stirbt die älteste Einwohnerin Westfalens im biblischen Alter von 111 Jahren in Münster.

1997:
Sensationeller Sieg von Schalke 04 im UEFA-Cup. Die Mannschaft besiegt am 21. Mai die hochfavorisierten Spieler von Inter Mailand.
Am 28. Mai schreibt Borussia Dortmund Europapokalgeschichte. Als erste deutsche Mannschaft gewinnt der Klub im Finale gegen Juventus Turin mit 3:1 Toren die Champions League.
Der Protest gegen den geplanten Abbau von Subventionen im Steinkohlebergbau bringt Mitte Februar 220.000 Menschen auf die Straßen des Ruhrgebietes. Unter dem Druck der Proteste kommt es am 13. März zu einer Einigung, die den notwendigen Schrumpfungsprozeß sozial stärker abfedert.
Mit heftigen Protesten reagieren im März die Stahlarbeiter im Ruhrgebiet auf den Versuch einer feindlichen Übernahme der Thyssen AG durch den Krupp-Konzern. Obwohl das Vorhaben scheitert, schließen sich beide Firmen 1998 zu einem Stahlunternehmen zusammen.
Im August kommen bei einem Brand in der Innenstadt von Rheine acht Menschen ums Leben. Das Feuer war vorsätzlich gelegt worden. Der Brandstifter wird gefaßt.
Westfalen feiert in diesem Jahr mit vielen Veranstaltungen den 200. Geburtstag der Dichterin Annette von Droste-Hülshoff.
Die Skulpturenausstellung in Münster sorgt, wie schon die vorhergehenden Veranstaltungen 1977 und 1987, für europaweite Diskussionen.
In Münster tritt mit Marion Tüns (SPD) erstmals eine Frau an die Spitze der Stadt.
Josef Pieper, der große christliche Philosoph, stirbt im Alter von 93 Jahren in Münster.

1998:
Der Castortransport in das Zwischenlager Ahaus sorgt am 20. März für landesweite Proteste. Tausende Polizisten schützen die Zugstrecke. Die Demonstrationen verlaufen weitgehend friedlich.
Am 16. März kündigt Johannes Rau seinen Rücktritt als Regierungschef und Landesvorsitzender der SPD an. Er regiert seit 1978.
Am 23. Mai wird Franz Müntefering als Nachfolger von Johannes Rau an die Spitze der nordrhein-westfälischen SPD gewählt.
Am 27. Mai wählt der Landtag von Nordrhein-Westfalen Wolfgang Clement (SPD) zum neuen Ministerpräsidenten.
Münster feiert in diesem Jahr mit großem Aufwand den 350. Jahrestag der Unterzeichnung des Westfälischen Friedens.